浙江金融职业学院 2018 年"金苑文库"学术著作资助项目

标准与实施:大学体育工作
标准制度与施行研究

翁惠根 著

浙江工商大学出版社 杭州
ZHEJIANG GONGSHANG UNIVERSITY PRESS

图书在版编目(CIP)数据

标准与实施：大学体育工作标准制度与施行研究 /
翁惠根著. — 杭州：浙江工商大学出版社，2018.12
　ISBN 978-7-5178-3097-9

　Ⅰ. ①标… Ⅱ. ①翁… Ⅲ. ①体育教学－教学研究－
高等学校 Ⅳ. ①G807.4

中国版本图书馆 CIP 数据核字(2018)第 293117 号

标准与实施:大学体育工作标准制度与施行研究

BIAOZHUN YU SHISHI:DAXUE TIYU GONGZUO BIAOZHUN ZHIDU YU SHIXING YANJIU

翁惠根 著

责任编辑	张　玲
封面设计	许寅华
责任印制	包建辉
出版发行	浙江工商大学出版社
	(杭州市教工路 198 号　邮政编码 310012)
	(E-mail:zjgsupress@163.com)
	(网址:http://www.zjgsupress.com)
	电话:0571-88904980,88831806(传真)
排　　版	杭州朝曦图文设计有限公司
印　　刷	杭州五象印务有限公司
开　　本	710mm×1000mm　1/16
印　　张	9.25
字　　数	176 千
版 印 次	2018 年 12 月第 1 版　2018 年 12 月第 1 次印刷
书　　号	ISBN 978-7-5178-3097-9
定　　价	32.00 元

【作者简介】

　　翁惠根,男,1966 年出生,浙江海盐人,教授,教育学硕士。现任浙江金融职业学院人文艺术学院院长、体育军事部主任、浙江高职研究中心主任。兼任教育部职业院校教育类专业教学指导委员会体育分会副主任、中国大学生体育协会职业教育学校体育工作委员会副主席兼科研学术委员会主任、杭州市高校体育协会副主席等职。现为杭州师范大学校外硕士生导师,浙江金融职业学院学术(学科)领军人才、校级教学名师。

　　曾独立编著《体育教育改革与探索》《职业实用体育课程改革与建设》等,主编《银行柜员职业实用性体育教程》《大学生体育俱乐部实用教程》《高职体育》《社区文体组织与管理》等教材,主持浙江省精品课程"高职职业实用体育"的建设和浙江省高职高专重点建设教材《高职体育》的编写。

前　言

　　光阴荏苒，时光飞逝，弹指间，30 年过去了。

　　从大学毕业走上高等教育教学工作岗位已整整 30 年，亲历了我国高等教育由 1988 年的近 1300 所 206 万名在校生，发展至目前的近 3000 所 2700 万名在校生的规模变化，亲历了我国高等教育由普通高校与专科院校为主体、成人高校为补充，转向普通高校与高等职业院校为主体、专科院校和成人高校为补充的格局变化，也亲历了高等教育由"211""985"院校建设向"示范校""优质校"和"双一流"院校发展的质量变化。作为高等教育重要组成部分的大学体育工作，也一直随着学校教育事业的发展而呈现日新月异的变化和发展。

　　学校体育教育事业的发展，离不开国家与各级教育职能部门的政策支持和制度保障，同时，国家与各级教育职能部门的制度保障也需要一代代体育教育工作者加以贯彻落实，只有充分结合当代、当地工作实际的操作办法，才能有效推进国家与各级教育职能部门各项支持政策和保障制度的"大学习、大调研和大落实"。

　　笔者从教卅载，一直较为注重对国家与各级教育职能部门有关体育工作制度的学习和研究，尤其是对工作标准类制度的研读。自 2003 年以来，笔者有幸协助教育部职业院校教育类专业教学指导委员会体育分会、中国大学生体育协会职业教育学校体育工作委员会、浙江省教育厅体卫艺处、浙江省大学生体育协会、杭州市体育协会等组织有效开展《学校体育工作条例》督查评估、高校体育工作调研、国家学生体质健康标准现场抽测督察和贯彻落实《普通高等学校体育工作标准》调研等活动的方案，以及指标体系拟订和督查评估报告草拟等具体工作，促使我更加认真、系统地学习国家与各级教育职能部门有关体育工作制度，积累了较为系统、翔实的政策制度依据和一定的操作案例。

　　本书共 5 个部分，是本人在对国家和各级教育职能部门有关体育工作制度、施行方案研究基础上"集合"而成的研究成果，其中，在"我国学校体育工作制度建设概况"一章中也借鉴了钱建龙、张丽艳、杨万文等学者的部分研究成果。鉴于工作标准制度的普适性和时效性等因素，本书侧重《国家学生体质健康标准》（大学）、

《普通高等学校体育工作基本标准》、《学校体育工作条例》部分成果案例,同时,鉴于笔者工作地域性和目前主要从事高职体育教育类型的因素,择取的主要研究成果也侧重浙江省和高职体育类型的成果案例。鉴于笔者政策理论和研究水平有限,书中难免存在不足之处,敬望各位领导和学者斧正。

翁惠根

2018 年暑假于杭州

目　录
CONTENTS

第一章
我国学校体育工作制度建设概况

　　学校体育教育事业的发展,离不开国家与各级教育职能部门的政策支持和制度保障。体育制度是指由国家、教育、体育工作组织管理职能机构和社会体育组织制定并实施的各种规章、条例、制度和办法的总称,体现了国家、职能部门和社会体育组织开展体育工作的意志、主张和支持政策。学校体育工作制度是国家体育工作制度的重要组成部分,是保障学校体育事业发展,规范人们工作行为的基本准则。据统计,中华人民共和国成立以来,由全国人大、中共中央、政务院(现为国务院)、教育部、国家体委(现为国家体育总局)等部门先后制定和颁布了国家性学校体育工作法规制度 148 项(不包括一般性活动通知),平均每年颁布 2.1 项。其中1999—2008 年期间颁布数量最多,共颁布 38 项(平均每年颁布 4.2 项);1969—1978 年期间颁布数量最少,共颁布 7 项(平均每年颁布不足 0.8 项);2014—2018年这 5 年间,正处于国家性学校体育工作法规制度颁布数量的高发期(平均每年颁布 4.6 项),见图 1-1。

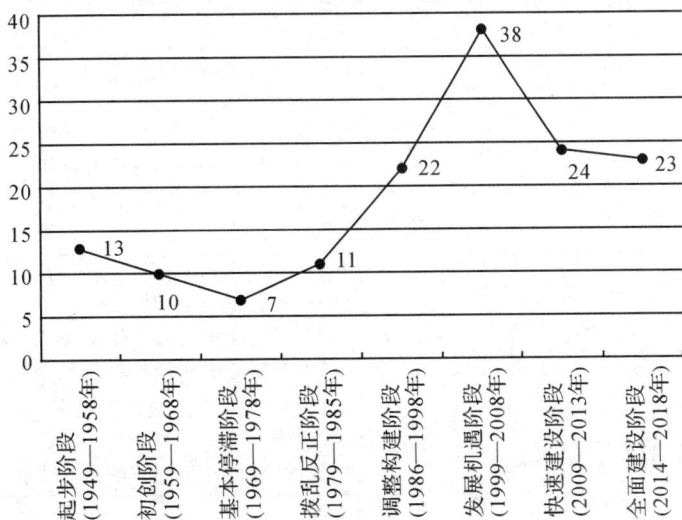

图 1-1　我国学校体育工作制度颁布数量趋势图

第一节 我国学校体育工作制度建设的主要历程

通过参阅钱建龙、张丽艳、杨万文等学者对中华人民共和国成立以来学校体育制度的研究成果,结合本人对国家时政的基本分析,将中华人民共和国成立以来69年的学校体育工作制度建设历程,分为起步阶段(1949—1958年)、初创阶段(1959—1968年)、基本停滞阶段(1969—1978年)、拨乱反正阶段(1979—1985年)、调整构建阶段(1986—1998年)、发展机遇阶段(1999—2008年)、快速建设阶段(2009—2013年)和全面建设阶段(2014—2018年)共8个发展阶段(见表1-1)。

表1-1 我国学校体育工作制度建设的基本阶段

序列	主要阶段	颁布制度数量	占比(%)	代表性制度
1	起步阶段	13	8.8	《学校体育工作暂行规定》 《国家体育锻炼标准(试行)》
2	初创阶段	10	6.8	《中小学体育教学大纲》
3	基本停滞阶段	7	4.7	《国家体育锻炼标准》 《全日制十年制学校中学体育教学大纲(试行草案)》
4	拨乱反正阶段	11	7.4	《中小学体育工作暂行规定》 《高等学校体育工作暂行规定》 《中学生体育合格标准的试行办法》
5	调整构建阶段	22	14.9	《学校体育工作条例》 《中华人民共和国体育法》 《全民健身计划纲要》 《中学体育器材设施配备目录》 《小学体育器材设施配备目录》 《大学生体育合格标准》 《大学生体育合格标准实施办法》 《普通高等学校体育教育专业场馆设施、器材配备目录》
6	发展机遇阶段	38	25.7	《全国普通高等学校体育课程教学指导纲要》 《学生伤害事故处理办法》 《关于开展全国亿万学生阳光体育运动的通知》 《关于加强青少年体育增强青少年体质的意见》
7	快速建设阶段	24	16.2	《国家中长期教育改革和发展规划纲要(2010—2020年)》 《义务教育体育与健康课程标准》(2011年版)

续　表

序列	主要阶段	颁布制度数量	占比(%)	代表性制度
8	全面建设阶段	23	15.5	《高等学校体育工作基本标准》 《国家学生体质健康标准(2014 年修订)》 《中小学校体育工作督导评估办法》 《小学体育器材设施配备标准》 《初中体育器材设施配备标准》
	合　计	148	100	

第二节　我国学校体育工作制度建设的主要内容

我国学校体育工作制度的建设,主要服务于当时我国社会、教育事业和学校体育工作发展的需求并指向和引领未来学校体育工作的发展,它的每个阶段都有其不同的内容和时代意义。

一、起步阶段(1949—1958 年)

中华人民共和国成立初期,我国各项学校体育事业和保障制度"一穷二白",百废待兴。学校体育工作制度建设主要以学习和借鉴苏联学校体育工作制度的模式为主,内容主要集中在学校体育教学、课外体育活动两个领域,主要工作方针是促进学生健康,从小学体育教学规范做起,首先确保基础体育教学的规范性。

1949—1958 年的 9 年间,我国共出台 13 项学校体育工作制度,有代表性的是中央人民政府政务院 1951 年颁布的《关于改善各级学校学生健康状况的决定》,教育部 1950 年颁布的《小学体育课程暂行标准(草案)》《小学暂行教学计划(草案)》,教育部和国家体委 1952 年联合颁布的《学校体育工作暂行规定》,国家体委 1954 年颁布的《国家体育锻炼标准(试行)》,教育部 1956 年颁布的《小学体育教学大纲(草案)》等,这一阶段我国学校体育工作制度的健全为我国学校体育法治建设打下了基础,开了头,起了步。

二、初创阶段(1959—1968 年)

鉴于国家各项建设事业的蓬勃开展和对外交流的实际需要,我国逐渐加大了对学校竞技体育教育的导向性,学校体育制度建设范围延伸并拓展到了学校体育课余训练与竞赛制度、中学体育教学规范性制度。

1959—1968 年的 9 年间,我国共出台 10 项学校体育工作制度,有代表性的是教育部 1961 年颁布的《中小学体育教学大纲》、国家"二部一委"(教育部、卫生部、体委)1964 年颁布的《关于中小学生健康状况和改进学校体育卫生工作的报告》等。

三、基本停滞阶段(1969—1978 年)

受"文化大革命"的影响,我国学校体育事业也遭到重挫,各项体育工作和活动基本"停滞",这阶段只出台了少量涉及学校体育的政策、法规文件。

1969—1978 年的 9 年间,我国只出台 7 项学校体育工作制度,是中华人民共和国成立以来 69 年间 8 个阶段中颁布学校体育工作制度最少的一个阶段,其中有代表性的是国务院教科组、国家体委 1975 年联合颁布的《国家体育锻炼标准条例》,原国家教委 1978 年颁布《全日制十年制学校中学体育教学大纲(试行草案)》等。

四、拨乱反正阶段(1979—1985 年)

在"文化大革命"之后,随着国家法制意识的加强和对法治建设的日益重视,学校体育制度建设经历了修复、调整和重启,这一个阶段为学校体育的持续化发展重新奠定了基础。

1979—1985 年的 6 年间,我国共出台 11 项学校体育工作制度,有代表性的是教育部和国家体委 1979 年联合颁布的《中小学体育工作暂行规定》和《高等学校体育工作暂行规定》,中共中央、国务院 1984 年颁布的《关于进一步加强和改进新时期体育工作的意见》,国家教委 1987 年颁布的《中学生体育合格标准的试行办法》。

五、初步构建阶段(1986—1998 年)

为了满足学校体育制度建设的实际需要,我国日渐重视学校体育制度的规范化和体系建设,在学校体育工作制度的时效性、全面性、标准性和系统性等方面有了突飞猛进的发展,很多制度在我国学校体育工作发展中具有"里程碑"意义,如《中华人民共和国体育法》《全民健身计划纲要》《学校体育工作条例》《普通高等学校体育教育专业场馆设施、器材配备目录》等。

1986—1998 年的 12 年间,我国共出台 22 项学校体育工作制度,有代表性的是国家教委 1989 年颁布的《中学体育器材设施配备目录》《小学体育器材设施配备目录》,国家教委 1990 年颁布的《学校体育工作条例》,国家教委 1990 年下达的《关于印发〈大学生体育合格标准〉及〈大学生体育合格标准实施办法〉的通知》,国家教委 1990 年颁布的《普通高等学校体育教育专业场馆设施、器材配备目录》,全国人大 1995 年审议通过的《中华人民共和国体育法》,国家体委 1995 年颁布的《全民健身计划纲要》,国家教委办公厅 1995 年颁布的《关于部分普通高等院校试办高水平运动队的通知》和国家教委 1997 年颁布的《全国学生体育竞赛管理规定》等。

六、发展机遇阶段(1999—2008 年)

随着我国综合国力和国际地位的不断提升,体育事业也得到了飞速发展,我国由此迈入世界体育大国的行列,尤其是 2001 年我国成功申办 2008 年北京奥运会,全面推进了我国体育事业的高速发展。竞技体育的发展带动了学校体育的发展,同时也促进了学校体育制度的建设。同期,1985—2005 年我国学生体质水平持续下滑等监测结果的发布,引起了国家、社会、体育职能部门和学校的高度重视。国家相继颁布了一系列促进学生体质健康,推进阳光体育活动的工作制度,确保我国"奥运战略"与"全民健身战略"这"两步走"战略的全面实现。

1999—2008 年间,我国共出台了 38 项学校体育工作制度,有代表性的是教育部 2002 年颁布的《全国普通高等学校体育课程教学指导纲要》和《学生伤害事故处理办法》,教育部 2005 年颁布的《关于在全国中小学生课外文体活动工程示范区研制开发集体竞赛项目的通知》,教育部、国家体育总局、共青团中央 2006 年联合颁布的《关于开展全国亿万学生阳光体育运动的通知》和中共中央、国务院 2007 年颁布实施的《关于加强青少年体育增强青少年体质的意见》等。我国学校体育制度的颁布数量在 2000—2006 年间绝对增长水平基本稳定,2007—2008 年间呈现"突发增长"现象,主要原因在于"北京奥运会"的承办和学生体质健康水平 30 年来呈下降趋势带来的"撬动"效应。

七、快速建设阶段(2009—2013 年)

随着国家对教育事业发展的日益重视和对学生体质健康水平提升的日益关注,我国学校体育制度法治建设进入了"快车道"。从年增长值的变化来看,我国学校体育制度颁布数量在 2010—2011 年间又出现了一个增长的"突发期"和"顶峰期",1 年出台了 6 项工作制度。

2009—2013 年间,我国在学校体育工作方面共出台了 24 项工作制度,有代表性的是教育部 2010 年颁布的《国家中长期教育改革和发展规划纲要(2010—2020年)》和 2011 年颁布的《义务教育体育与健康课程标准》(2011 年版)等。

八、全面建设阶段(2014—2018 年)

学校体育工作愈益受到重视,尤其是党的十八大以来,中共中央、国务院以及教育部、国家体育总局相继出台了促进校园足球,贯彻实施《高等学校体育工作基本标准》、"全民健身计划"、"健康中国 2030"以及开展高等学校健康教育等系列工作制度,我国学校体育工作制度建设全面进入规范化、标准化和系统化轨道。

自 2014 年迄今这 4 年多来,我国在学校体育工作方面共出台了 23 项工作制度,有代表性的是教育部 2014 年颁布的《高等学校体育工作基本标准》《国家学生体质健康标准(2014 年修订)》《学生体质健康监测评价办法》,国务院办公厅 2016 年颁布的《关于强化学校体育促进学生身心健康全面发展的意见》,教育部 2016 年颁布的《小学体育器材设施配备标准》和《初中体育器材设施配备标准》,国务院教育督导委员会办公室 2017 年印发的《中小学校体育工作督导评估办法》,教育部和国家体育总局 2017 年联合颁布的《关于推进学校体育场馆向社会开放的实施意见》等。

第三节　我国学校体育工作制度建设的基本特征

通过对 69 年来我国学校体育工作制度建设历程和主要内容的梳理,笔者将我国学校体育工作制度建设的基本特征归结为法理性、领域性、发展性和不充分性。

一、法理性

我国现行的学校体育方面的法律、法规、规章主要为各类国家机关出台的关于学校体育的规范性文件,同时,这些法律、法规、规章在我国学校体育工作的专门性制度中具有不同层次的法理和法律效力。

1. 第一层次:《中华人民共和国教育法》《中华人民共和国体育法》

《中华人民共和国教育法》和《中华人民共和国体育法》应当是我国开展学校体育工作的最直接、最高层次的法律依据。《中华人民共和国教育法》明确了学校在体育工作中应该履行的职责,《中华人民共和国体育法》明确了学校在体育工作中应该践行的责任和使命。

2. 第二层次:《学校体育工作条例》《国家学生体质健康标准》《全民健身计划纲要》《义务教育体育与健康课程标准》《普通高等学校体育工作基本标准》

《学校体育工作条例》《国家学生体质健康标准》和《全民健身计划纲要》是根据《中华人民共和国教育法》和《中华人民共和国体育法》等法律规定,结合我国学校体育事业发展的实际而制定出来的具有普适性的学校行政法规制度,是各级各类学校开展学校体育工作的政策依据和行为向导,《义务教育体育与健康课程标准》和《普通高等学校体育工作基本标准》分别是义务教育阶段各学校和高等学校体育工作全面开展的指导依据和制度保障。

3. 第三层次:各级各类学校体育工作制度和办法

除国家有关体育法律制度、行政法规制度外,为切实有效指导全国各地、各级、各类学校体育工作的具体开展,我国相继出台了《小学体育器材设施配备标准》《初中体育器材设施配备标准》《普通高等学校体育场馆设施、器材配备目录》《全国普通高等学校体育课程教学指导纲要》等具体工作制度,很多属于"标准类"工作制度。

二、领域性

中华人民共和国成立以来,我国相继颁布了 148 项学校体育工作制度。按学校体育工作环节分,我国学校体育工作制度主要涉及 7 个领域,分别为学生体质健康、学校体育课程、课外体育活动、学校体育竞赛、高水平运动队、体育场地设施和学校体育安全。据张艳丽等学者对我国 1949—2013 年间出台的学校体育工作制度涉及领域的统计分析来看,学校体育课程、学生体质健康和课外体育活动制度是学校体育工作制度建设的核心领域;从数量上看,涉及学校体育课程、学生体质健康和课外体育活动的制度远多于其他领域,合计共占 40% 以上(见图 1-2),尤以学生体质健康和中小学体育课程为多。

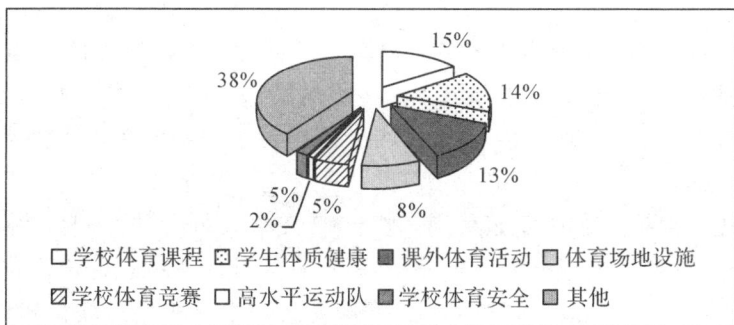

图 1-2　我国学校体育工作制度的主要涉及领域

涉及学校体育课程的工作制度主要有:《小学体育课程暂行标准(草案)》(1950年)、《小学体育教学大纲(草案)》(1956 年)、《全日制中学体育教学大纲》(1996年)、《全日制普通高级中学体育教学大纲》(1996 年)、《全日制义务教育普通高级中学体育(1—6 年级)、体育与健康(7—12 年级)课程标准(实验稿)》(2001 年)、《全国普通高等学校体育课程教学指导纲要》(2002 年)、《全日制普通高中体育与健康课程标准(实验稿)》(2003 年)、《义务教育体育与健康课程标准》(2011 年版)等。

涉及学生体质健康标准的工作制度主要有:《关于改善各级学校学生健康状况的决定》(1951 年)、《国家体育锻炼标准(试行)》(1954 年)、《关于中小学健康状况和改进学校体育卫生工作的报告》(1961 年)、《国家体育锻炼标准条例》(1975 年)、《大学生体育合格标准》(1990 年)、《大学生体育合格标准实施办法》(1990 年)、《关于加强青少年体育增强青少年体质的意见》(2007 年)、《国家学生体质健康标准(2014 年修订)》、《学生体质健康监测评价办法》(2014 年)等。

涉及课外体育活动的工作制度主要有：《关于推行广播体操活动的联合通知》(1951 年)、《关于在中等以上学校中开展群众性体育运动的联合指示》(1954 年)、《关于在男少年中开展小足球活动的联合通知》(1964 年)、《关于保证中小学生每天有一小时体育活动的通知》(1982 年)、《学校体育暂行工作条例》(1990 年)、《关于开展"体育、艺术 2＋1 项目"实验工作的通知》(2004 年)和《关于开展全国亿万学生阳光体育运动的通知》(2006 年)等。

三、发展性

中华人民共和国成立以来，我国学校体育经过的 69 年发展历程与取得的阶段性工作绩效，无不烙印着当时的国家政治社会背景；作为对学校体育工作具有方向性指导和政策性保障的政策、法规等，呈现出不断向全面性、规范性、标准性和系统性发展的特征。

20 世纪 50 年代，在中苏友好政治背景和毛泽东主席"发展体育运动，增强人民体质"的号召下，我国学校体育工作以学习借鉴"苏联教育模式"和改善学生体质为主，由中央人民政府、教育部、国家体委分别出台了一系列涉及体育课程、大众广播体操、《国家体育锻炼标准(试行)》等的学校体育工作制度。

20 世纪 60 年代，受中苏关系不断恶化和"文化大革命"的影响，我国学校体育工作受到较大程度的破坏甚至一度"停滞"，但在学校体育课程的规范化、标准化方面仍得到一定程度的发展，学校体育工作领域也由体育课程标准化建设和学生体质健康建设，拓展到课余运动训练和课余竞赛。

20 世纪 70 年代，由于我国正处于"文化大革命"及"拨乱反正"初期，我国学校体育工作处于从"停滞"到逐渐"恢复"阶段，学校体育工作制度也主要由教育部颁布，如《中小学体育工作暂行规定》和《高等学校体育工作暂行规定》。

20 世纪 80 年代，随着"文化大革命"的结束和国家各项事业的"拨乱反正"，我国学校体育也进入了"恢复、调整、充实、提高"阶段，学校体育工作由规范化逐渐向标准化、系统化方向发展，我国学校体育工作制度领域也进一步拓展到学校体育场地标准化建设，如颁布了《中学体育器材设施配备目录》《小学体育器材设施配备目录》。

20 世纪 90 年代，在全面改革开放和大力发展教育事业的时代背景下，学校体育工作也得到了全面发展，体育工作立法地位得到空前提升，全国人大审议通过了

《中华人民共和国体育法》。国家教委颁布的《学校体育工作条例》《普通高等学校体育教育专业场馆设施、器材配备目录》《全国学生体育竞赛管理规定》，以及国家体委颁布的《全民健身计划纲要》都对我国学校体育工作发展具有里程碑意义，我国学校体育工作制度领域也进一步拓展到高水平运动队建设和运动竞赛制度。

2001年我国成功申办2008年北京奥运会，这全面推进了我国体育事业的高速发展，也同步促进了我国学校体育工作的开展，但同期30年来学生体质连续下降的趋势，引起了国务院和社会各界的广泛关注和重视，学生体质健康促进工作成为学校体育工作的"重中之重"，国家相继出台了《关于开展全国亿万学生阳光体育运动的通知》和《关于加强青少年体育增强青少年体质的意见》等重要工作制度。

随着国家全面建设小康社会事业的推进，体育的社会地位和国民健康意识得到了空前提升，国家相继出台了"健康中国2030"、"全民建设计划"、《关于加快发展青少年校园足球的实施意见》等，学校体育工作也在标准化、系统化建设方面得到进一步的拓展，相继颁布了《义务教育体育与健康课程标准》《国家学生体质健康标准(2014年修订)》《高等学校体育工作基本标准》等具有时代性、指导性的工作制度。

四、不充分性

虽然我国学校体育工作制度在全面化、规范化和系统化建设方面取得了显著成就，但从本人30年来从事高等体育教育的一线实践和制度研学来看，我国学校体育工作制度建设尚存在不够充分的方面，主要表现在：

1. 学校体育课程标准建设的"衔接性"不足

虽然国家在不同阶段颁布了《义务教育体育与健康课程标准》《高等学校体育工作基本标准》《中小学体育教学大纲》和《普通高等学校体育课程教学指导纲要》等规章制度，但在小学、初中、高中和大学阶段的体育教学目标、工作任务和落实标准等很多方面仍未建立系统性、衔接性、递进性的有序发展制度体系，这容易造成我国学校体育工作各学段工作目标的"孤岛"现象，不利于学校体育总体任务的全面落实。目前我国各级各类学校存在的学生体质"弱化"、体育意识"淡化"、运动技能"浮化"(仅围绕考试项目)等问题，这与学校体育课程标准建设的"衔接性"不足有一定关系。

2. 国家学生体质健康标准建设的"标准化"不足

国家在不同阶段相继颁布过《国家体育锻炼标准(试行)》《国家体育锻炼标准条例》《大学生体育合格标准》《国家学生体质健康标准(2003年版)》《国家学生体质健康标准(2007年版)》《国家学生体质健康标准(2014年修订)》等，分析不同阶段体质健康标准的测试项目和评分标准，不论是测试项目、权重设置、评分标准还是优良等级标准都不尽相同,如 2007 年版的《国家学生体质健康标准》和《国家学生体质健康标准(2014 年修订)》之间优良等级率由 45％调整为 15％,及格标准平均降幅 10％左右。"国家标准"应当在一个相对长的时期内保持绝对稳定,便于参照执行和保证趋势分析的科学性。

3.学校体育工作制度的"督查力"不足

我国地域辽阔,民族众多,学校体育工作发展同样呈现不平衡、不充分的特点,要确保各级各类学校体育工作制度的执行绩效,促进全国各级各类学校协同发展,需要一定的督查监测制度予以保障,尤其对学校教育中处于"弱化"地位的学校体育工作。在不少学校,尤其是非城市的中小学和高等职业院校,向学校领导争取学校体育工作制度内约定的政策保障条件,仍成为目前很多学校体育部门开展工作的主要政策支持"诉求"。从教 30 年来,笔者发现全国性、全省性、全市性的学校体育工作制度现场督查少之又少,很多督查留于"书面"督查和调研,督查力和督查绩效不高。

4.部分体育工作制度的"时代性"不足

经国务院批准,1990 年 3 月 12 日国家教委、国家体委联合发布了《学校体育工作条例》,这一条例一直沿用至 2017 年 3 月 1 日《国务院关于修改和废止部分行政法规的决定》颁布后方予以修正,时间跨度达 27 年之久。其中"全国中学生运动会每三年举行一次,全国大学生运动会每四年举行一次"这条规定,已于 2017 年全国第十三届学生运动会上进行届期更改。2002 年教育部颁布的《全国普通高等学校体育课程教学指导纲要》,也已过去 16 年,全国高等学校体育工作无论规模、类型或内涵都发生了很大内质上的调整变化,都需要进行时代性的修订。

5.部分体育工作制度的"落地性"不足

《全国普通高等学校体育课程教学指导纲要》中指出:"体育课程建设的评价由教育部组织进行。各省、自治区、直辖市教育行政部门应根据教育部有关规定制定评价方案,定期表彰和奖励有突出贡献的个人和成绩优秀的单位。教育部在四年一次的全国大学生运动会上进行全国性表彰和奖励,充分发挥教育评价的导向和激励作用。"截至目前,全国性和地方性的体育课程建设的定期表彰和奖励工作都较为鲜见,没有真正予以落实。

《国家学生体质健康标准(2014 年修订)》中指出:"测试成绩评定不及格者,在本学年度准予补测一次,补测仍不及格,则学年成绩评定为不及格。普通高中、中等职业学校和普通高等学校学生毕业时,《标准》测试的成绩达不到 50 分者按结业或肄业处理。"一则,教育部每年要求 12 月底(2015 年前曾为 10 月底)上报当年学生体质健康测试成绩,时间上与学校学年制教学计划不对称,每年 9 月份新生报到,10 月份高职院校正式开始上课,若按 12 月底上报,就不够一个学年的周期,更加没有可用作补考的时间。二则，"《标准》测试的成绩达不到 50 分者按结业或肄业处理"这一条与《全日制普通高等学校学生学籍管理办法》相悖，在具体执行中，容易引起法律纠纷，这项工作制度较难真正"落地"。

第二章
我国大学体育工作的现行体育制度与施行依据

党的十八大开启了依法治国新时代，要求立法科学、执法严格、公正司法和全民守法。作为高等教育组成部分的学校体育工作，必须切实依照我国现行体育工作制度，科学践行立德树人、教书育人的社会使命，同时，也需要自觉学习并谙熟我国现行的体育制度，积极维护大学体育工作的合法权益，从而更好更快地促进高校体育工作的全面发展。

第一节　我国大学体育工作主要现行制度

我国大学体育工作主要的现行制度有：

1.《中华人民共和国宪法》

《中华人民共和国宪法》是我国的根本大法，拥有最高法律效力。中华人民共和国成立后，曾于1954年9月20日、1975年1月17日、1978年3月5日和1982年12月4日通过4部宪法，现行宪法为1982年宪法，共4章143条，历经1988年、1993年、1999年、2004年、2018年5次修订，其中涉及学校体育工作的有2条。

2.《中华人民共和国体育法》

1995年8月29日，在第八届全国人大常委会第十五次全体会议上通过，1995年10月1日起施行。《中华人民共和国体育法》共8章54条，它的颁布不仅填补了国家体育立法的一项空白，而且标志着中国体育工作开始进入依法行政、以法治体的新阶段，这是中华人民共和国体育事业发展的一座里程碑。

3.《学校体育工作条例》

经国务院批准，1990年3月12日国家教委第8号令、国家体委第11号令联合发布。《学校体育工作条例》是我国第一项专门规范学校体育工作的行政法规，在中华人民共和国体育事业发展中具有里程碑意义，也是目前开展大学体育工作的重要制度依据。根据2017年3月1日《国务院关于修改和废止部分行政法规的决定》修订后，该条例共 9 章 31 条。

4.《普通高等学校体育课程教学指导纲要》

《普通高等学校体育课程教学指导纲要》是在《高等学校体育工作暂行规定》基础上修订和完善而成，自 2002 年新学年开始先在教育部直属高校中施行，2003 年新学年开始在全国所有普通高校中施行，是目前指导大学体育课程教学的重要工作制度，共 8 个方面 23 条。

5.《普通高等学校体育场馆设施、器材配备目录》

2004 年 8 月 22 日，由教育部办公厅印发。《普通高等学校体育场馆设施、器材配备目录》是继《中学体育器材设施配备目录》《小学体育器材设施配备目录》之后对学校体育场馆设施类工作文件的延续与完善，分《〈普通高等学校体育场馆设施、器材配备目录〉说明》《普通高等学校体育场馆设施配备目录》和《普通高等学校体育场地基本要求及体育器材配备目录》3 部分。

6.《高等学校体育工作基本标准》

2014 年 6 月 11 日，由教育部印发。《高等学校体育工作基本标准》是在《学校体育工作条例》《普通高等学校体育课程教学指导纲要》和《国家学生体质健康标准（2007 年版）》等学校体育工作制度基础上形成的一个学校体育工作标准性文件，也是截至目前有关学校体育工作标准性方面量化指标最明确的工作文件之一，共 5 个方面 20 条。

7.《国家学生体质健康标准（2014 年修订）》

2014 年 7 月 18 日，由教育部印发。《国家学生体质健康标准（2014 年修订）》是继 2002 年 7 月《学生体质健康标准（试行方案）》、2007 年 4 月《国家学生体质健康标准》出台后的最新标准和要求，分说明，评分表，单项指标与权重 3 个部分。

第二节　我国大学体育工作的施行制度依据

基于目前我国大学体育工作的目标任务、方针、地位、权益保障，大学体育课程、课外体育活动、体质健康标准、学生运动训练与竞赛、体育场地设施条件、体育经费保障、体育工作奖励与处罚等方面的实际工作需要，现将我国大学体育工作的施行制度依据罗列如下，见表 2-1 至表 2-11。

一、大学体育工作目标任务

表 2-1　涉及大学体育工作目标任务的制度及依据

制　度	依　据
《中华人民共和国宪法》	1.国家发展体育事业,开展群众性的体育活动,增强人民体质。(第一章第二十一条) 2.国家培养青年、少年、儿童在品德、智力、体质等方面全面发展。(第二章第四十六条)
《学校体育工作条例》	学校体育工作的基本任务是:增进学生身心健康、增强学生体质;使学生掌握体育基本知识,培养学生体育运动能力和习惯;提高学生运动技术水平,为国家培养体育后备人才;对学生进行品德教育,增强组织纪律性,培养学生的勇敢、顽强、进取精神。(第一章第三条)
《全国普通高等学校体育课程教学指导纲要》	1.基本目标是根据大多数学生的基本要求而确定的,分为五个领域目标(运动参与目标、运动技能目标、身体健康目标、心理健康目标、社会适应目标)。发展目标是针对部分学有所长和有余力的学生确定的,也可作为大多数学生的努力目标,分为五个领域目标。(第一部分第三条、第四条) 2.健身性与文化性相结合。紧扣课程的主要目标,把"健康第一"的指导思想作为确定课程内容的基本出发点,同时重视课程内容的体育文化含量。(第五部分第十一条)
《高等学校体育工作基本标准》	1.全面贯彻党的教育方针,服务立德树人根本任务,将学校体育纳入学校全面实施素质教育的各项工作,认真执行国家教育发展规划、规章制度及各项要求。创新人才培养模式,使学生掌握科学锻炼的基础知识、基本技能和有效方法,学会至少两项终身受益的体育锻炼项目,养成良好锻炼习惯。挖掘学校体育在学生道德教育、智力发展、身心健康、审美素养和健康生活方式形成中的多元育人功能,有计划、有制度、有保障地促进学校体育与德育、智育、美育有机融合,提高学生综合素质。(第一方面第一点) 2.统筹规划学校体育发展,把增强学生体质和促进学生健康作为学校教育的基本目标之一和重要工作内容,纳入学校总体发展规划。(第一方面第二点)

二、大学体育工作方针

表 2-2　涉及大学体育工作方针的制度及依据

制　度	依　据
《中华人民共和国体育法》	体育工作坚持以开展全民健身活动为基础,实行普及与提高相结合,促进各类体育协调发展。(第一章第二条)

续　表

制　度	依　据
《学校体育工作条例》	1.学校体育工作是指普通中小学校、农业中学、职业中学、中等专业学校、普通高等学校的体育课教学、课外体育活动、课余体育训练和体育竞赛。(第一章第二条) 2.学校体育工作应坚持普及与提高相结合、体育锻炼与安全卫生相结合的原则,积极开展多种形式的强身健体活动,重视继承和发扬民族传统体育,注意吸取国外学校体育的有益经验,积极开展体育科学研究工作。(第一章第四条) 3.学校体育工作应当面向全体学生,积极推行国家体育锻炼标准。(第一章第五条)
《全国普通高等学校体育课程教学指导纲要》	1.应把校运动队及部分确有运动特长学生的专项运动训练纳入体育课程之中。对部分身体异常和病、残、弱及个别高龄等特殊群体的学生,开设以康复、保健为主的体育课程。(第四部分第十条) 2.根据体育课程的实际情况,为确保教学质量,课堂教学班人数一般以 30 人左右为宜。(第六部分第十八条)
《高等学校体育工作基本标准》	1.设置体育工作机构,配备专职干部、教师和工作人员,并赋予其统筹开展学校体育工作的各项管理职能。实行学校领导分管负责制(或体育工作委员会制),每年至少召开一次体育工作专题会议,有针对性地解决实际问题。(第一方面第三点) 2.加强学校体育活动的安全教育、伤害预防和风险管理,建立健全校园体育活动意外伤害保险制度,妥善处置伤害事件。(第五方面第十七点)
《普通高等学校体育场馆设施、器材配备目录》	体育场馆设施和器材设备是保证体育教学、课外体育活动和课余训练、竞赛正常进行所必不可少的物质条件,是落实"健康第一"指导思想的具体措施,是学校基本教学条件建设的有机组成部分,也是检查、督导、评估、规范学校办学工作的重要内容之一。(说明部分第二点)
《国家学生体质健康标准(2014 年修订)》	1.每个学生每学年评定一次,记入《国家学生体质健康标准》登记卡。特殊学制的学校,在填写登记卡时可以按规定和需求相应地增减栏目。学生毕业时的成绩和等级,按毕业当年学年总分的 50% 与其他学年总分平均得分的 50% 之和进行评定。(说明部分第八条) 2.学生测试成绩评定达到良好及以上者,方可参加评优与评奖;成绩达到优秀者,方可获体育奖学分。测试成绩评定不及格者,在本学年度准予补测一次,补测仍不及格,则学年成绩评定为不及格。普通高中、中等职业学校和普通高等学校学生毕业时,《标准》测试的成绩达不到 50 分者按结业或肄业处理。(说明部分第九条)

三、大学体育工作地位

表 2-3　涉及大学体育工作地位的制度及依据

制　　度	依　　据
《中华人民共和国体育法》	1.国家对青年、少年、儿童的体育活动给予特别保障，增进青年、少年、儿童的身心健康。（第一章第五条） 2.教育行政部门和学校应将体育作为学校教育的组成部分，培养德、智、体等全面发展的人才。（第二章第十七条） 3.国家发展体育专业教育，建立各类体育专业院校、系、科，培养运动、训练、教学、科学研究、管理以及从事群众体育等方面的专业人员。（第六章第四十六条）
《学校体育工作条例》	1.体育课是学生毕业、升学考试科目。学生因病、残免修体育课或者免除体育课考试的，必须持医院证明，经学校体育教研室(组)审核同意，并报学校教务部门备案，记入学生健康档案。（第二章第九条） 2.学校应当由一位副校(院)长主管体育工作，在制订计划、总结工作、评选先进时，应当把体育工作列为重要内容。（第七章第二十四条）
《全国普通高等学校体育课程教学指导纲要》	体育课程是大学生以身体练习为主要手段，通过合理的体育教育和科学的体育锻炼过程，达到增强体质、增进健康和提高体育素养为主要目标的公共必修课程；是学校课程体系的重要组成部分；是高等学校体育工作的中心环节。（第一部分第一条）
《高等学校体育工作基本标准》	将学生体质健康状况作为衡量学校办学水平的重要指标。将体质健康状况、体育课成绩、参与体育活动等情况作为学生综合素质评价的重要内容。（第四方面第十五点）
《国家学生体质健康标准》（2014 年修订）	《国家学生体质健康标准》是国家学校教育工作的基础性指导文件和教育质量基本标准，是评价学生综合素质、评估学校工作和衡量各地教育发展的重要依据，是《国家体育锻炼标准》在学校的具体实施，适用于全日制普通小学、初中、普通高中、中等职业学校、普通高等学校的学生。（说明部分第一条）

四、大学体育工作权益保障

表 2-4　涉及大学体育工作权益保障的制度及依据

制　度	依　据
《中华人民共和国体育法》	1.国家对在体育事业中做出贡献的组织和个人,给予奖励。（第一章第八条） 2.学校应当按照国家有关规定,配备合格的体育教师,保障体育教师享受与其工作特点有关的待遇。（第三章第二十一条） 3.在体育活动中,寻衅滋事、扰乱公共秩序的,给予批评、教育并予以制止;违反治安管理的,由公安机关依照《治安管理处罚法》的规定给予处罚;构成犯罪的,依法追究刑事责任。（第七章第五十一条）
《学校体育工作条例》	1.学校应当在各级教育行政部门核定的教师总编制数内,按照教学计划中体育课授课时数所占的比例和开展课间体育活动的需要配备体育教师。除普通小学外,学校应当根据学校女生数量配备一定比例的女体育教师。承担培养优秀体育后备人才训练任务的学校,体育教师的配备应当相应增加。（第五章第十八条） 2.各级教育行政部门和学校应当有计划地安排体育教师进修培训。对体育教师的职务聘任、工资待遇应当与其他任课教师同等对待。按照国家有关规定,有关部门应当妥善解决体育教师的工作服装和粮食定量问题。体育教师组织课间操（早操）、课外体育活动和课余训练、体育竞赛应当计算工作量。学校对妊娠、产后的女体育教师,应当按照《女职工劳动保护规定》给予相应的照顾。（第五章第十九条） 3.普通高等学校、中等专业学校和规模较大的普通中学,可以建立相应的体育管理部门,配备专职干部和管理人员。（第七章第二十五条）
《全国普通高等学校体育课程教学指导纲要》	学校应当在上级行政部门核定的教师总编制内,按照体育课程教学计划授课、开展课外体育活动以及完成培养优秀体育人才训练的任务,配备相应数量合格的体育教师。（第六部分第十三条）
《高等学校体育工作基本标准》	将体育教学、课外体育活动、课余训练竞赛和实施《国家学生体质健康标准》等工作纳入教师工作量,保证体育教师与其他学科（专业）教师工作量的计算标准一致,实行同工同酬。（第五方面第十九点）

五、大学体育课程

表 2-5　涉及大学体育课程的制度及依据

制　度	依　据
《中华人民共和国体育法》	学校必须开设体育课,并将体育课列为考核学生学业成绩的科目。学校应当创造条件为病残学生组织适合其特点的体育活动。(第三章第十八条)
《学校体育工作条例》	学校应当根据教育行政部门的规定,组织实施体育课教学活动。普通中小学校、农业中学、职业中学、中等专业学校各年级和普通高等学校的一、二年级必须开设体育课。普通高等学校对三年级以上学生开设体育选修课。(第二章第七条)
《全国普通高等学校体育课程教学指导纲要》	1.普通高等学校的一、二年级必须开设体育课程(四个学期共计 144 学时)。修满规定学分、达到基本要求,是学生毕业、获得学位的必要条件之一。(第三部分第五条) 2.普通高等学校对三年级以上学生(包括研究生)开设体育选修课。(第三部分第六条) 3.重视理论与实践相结合,在运动实践教学中注意渗透相关理论知识,并运用多种形式和现代教学手段,安排约 10% 的理论教学内容(每学期约 4 学时),扩大体育的知识面,提高学生的认知能力。(第四部分第八条)
《高等学校体育工作基本标准》	1.严格执行《全国普通高等学校体育课程教学指导纲要》,必须为一、二年级本科学生开设不少于 144 学时(专科生不少于 108 学时)的体育必修课,每周安排体育课不少于 2 学时,每学时不少于 45 分钟。为其他年级学生和研究生开设体育选修课,选修课成绩计入学生学分。每节体育课学生人数原则上不超过 30 人。(第二方面第五点) 2.深入推进课程改革,合理安排教学内容,开设不少于 15 门的体育项目。每节体育课须保证一定的运动强度,其中提高学生心肺功能的锻炼内容不得少于 30%;要将反映学生心肺功能的素质锻炼项目作为考试内容,考试分数的权重不得少于 30%。(第二方面第六点)

六、课外体育活动

表 2-6　涉及课外体育活动的制度及依据

制　度	依　据
《中华人民共和国体育法》	学校应当组织多种形式的课外体育活动,开展课外训练和体育竞赛,并根据条件每学年举行一次全校性的体育运动会。(第三章第二十条)

续　表

制　度	依　据
《学校体育工作条例》	中等专业学校、普通高等学校除安排有体育课、劳动课的当天外,每天应当组织学生开展各种课外体育活动。(第三章第十条)
《高等学校体育工作基本标准》	1.将课外体育活动纳入学校教学计划,健全制度、完善机制、加强保障。面向全体学生设置多样化、可选择、有实效的锻炼项目,组织学生每周至少参加三次课外体育锻炼,切实保证学生每天一小时体育活动时间。(第三方面第八点) 　　2.学校成立不少于 20 个学生体育社团,采取鼓励和支持措施定期开展活动,形成良好的校园体育传统和特色。(第三方面第十一点)

七、学生体质健康标准

表 2-7　涉及学生体质健康标准的制度及依据

制　度	依　据
《中华人民共和国体育法》	1.学校必须实施国家体育锻炼标准,对学生在校期间每天用于体育活动的时间给予保证。(第三章第十九条) 　　2.学校应当建立学生体格健康检查制度。教育、体育和卫生行政部门应当加强对学生体质的监测。(第三章第二十三条)
《学校体育工作条例》	学校应当在学生中认真推行国家体育锻炼标准的达标活动和等级运动员制度。(第三章第十一条)
《高等学校体育工作基本标准》	1.全面实施《国家学生体质健康标准》,建立学生体质健康测试中心,安排专门人员负责,完善工作条件,每年对所有学生进行体质健康测试,测试成绩向学生反馈,并将测试结果经教育部门审核后上报国家学生体质健康标准数据管理系统,形成本校学生体质健康年度报告。及时在校内公布学生体质健康测试总体结果。(第四方面第十三点) 　　2.建立健全《国家学生体质健康标准》管理制度,学生测试成绩列入学生档案,作为对学生评优、评先的重要依据。毕业时,学生测试成绩达不到 50 分者按结业处理(患病或残疾学生,凭医院证明向学校提出申请并经审核通过后可准予毕业)。毕业年级学生测试成绩及格率须达 95% 以上。(第四方面第十四点)

八、运动训练与竞赛

表 2-8　涉及运动训练与竞赛的制度及依据

制　度	依　据
《中华人民共和国体育法》	1.国家鼓励、支持开展业余体育训练,培养优秀的体育后备人才。(第四章第二十五条) 2.体育竞赛实行公平竞争的原则。体育竞赛的组织者和运动员、教练员、裁判员应当遵守体育道德,不得弄虚作假、营私舞弊。在体育运动中严禁使用禁用的药物和方法。禁用药物检测机构应当对禁用的药物和方法进行严格检查。严禁任何组织和个人利用体育竞赛从事赌博活动。(第四章第三十三条)
《学校体育工作条例》	1.学校应当在体育课教学和课外体育活动的基础上,开展多种形式的课余体育训练,提高学生的运动技术水平。有条件的普通中小学校、农业中学、职业中学、中等专业学校经省级教育行政部门批准,普通高等学校经国家教育委员会批准,可以开展培养优秀体育后备人才的训练。(第四章第十二条) 2.学校体育竞赛贯彻小型多样、单项分散、基层为主、勤俭节约的原则。学校每学年至少举行一次以田径项目为主的全校性运动会。(第四章第十四条)

九、体育场地设施条件

表 2-9　涉及体育场地设施条件的制度及依据

制　度	依　据
《中华人民共和国体育法》	1.学校应当按照国务院教育行政部门规定的标准配置体育场地、设施和器材。学校体育场地必须用于体育活动,不得挪作他用。(第二章第二十二条) 2.公共体育设施应当向社会开放,方便群众开展体育活动,对学生、老年人、残疾人实行优惠办法,提高体育设施的利用率。任何组织和个人不得侵占、破坏公共体育设施。因特殊情况需要临时占用体育设施的,必须经体育行政部门和建设规划部门批准,并及时归还;按照城市规划改变体育场地用途的,应当按照国家有关规定,先行择地新建偿还。(第六章第四十五条)
《学校体育工作条例》	1.学校的上级主管部门和学校应当按照国家或者地方制定的各类学校体育场地、器材、设备标准,有计划地逐步配齐。学校体育器材应当纳入教学仪器供应计划。新建、改建学校必须按照有关场地、器材的规定进行规划、设计和建设。(第六章第二十条) 2.学校应当制定体育场地、器材、设备的管理维修制度,并由专人负责管理。任何单位或者个人不得侵占、破坏学校体育场地或者破坏体育器材、设备。(第六章第二十一条)

续　表

制　度	依　据
《全国普通高等学校体育课程教学指导纲要》	学校应当按照教育部发布的"普通高等学校体育场馆设施、器材配备目录"及有关规定进行规划和建设,创造条件满足体育课程的实际需要,采取措施延长体育场馆、设施的开放时间,提高对各项体育设施的利用率。(第六部分第十六条)
《高等学校体育工作基本标准》	1.学校每年组织春、秋季综合性学生运动会(或体育文化节),设置学生喜闻乐见、易于参与的竞技性、健身性和民族性体育项目,参与运动会的学生达到50％以上。经常组织校内体育比赛,支持院系、专业或班级学生开展体育竞赛和交流等活动。(第三方面第九点) 2.体育场馆、设施和器材等符合国家配备、安全和质量标准,完善配备、管理、使用等规章制度,基本满足学生参加体育锻炼的需求。定时维护体育场馆、设施,及时更新、添置易耗、易损体育器材。体育场馆、设施在课余和节假日向学生免费或优惠开放。(第五方面第二十点)
《普通高等学校体育场馆设施、器材配备目录》	体育场馆设施配备目录分为两类,即基本配备类和发展配备类;体育器材配备目录包括体育场地基本要求。(说明部分第三点)

十、体育经费保障

表 2-10　涉及体育经费保障的制度及依据

制　度	依　据
《中华人民共和国体育法》	县级以上各级人民政府应当将体育事业经费、体育基本建设资金列入本级财政预算和基本建设投资计划,并随着国民经济的发展逐步增加对体育事业的投入。(第六章第四十条)
《学校体育工作条例》	各级教育行政部门和学校应当根据学校体育工作的实际需要,把学校体育经费纳入核定的年度教育经费预算内,予以妥善安排。地方各级人民政府在安排年度学校教育经费时,应当安排一定数额的体育经费,以保证学校体育工作的开展。国家和地方各级体育行政部门在经费上应当尽可能对学校体育工作给予支持。(第六章第二十二条)
《高等学校体育工作基本标准》	健全学校体育保障机制,学校体育工作经费纳入学校经费预算,并与学校教育事业经费同步增长。(第五方面第十七点)

十一、体育工作奖励与处罚

表 2-11 涉及体育工作奖励与处罚的制度及依据

制　度	依　据
《中华人民共和国体育法》	在体育活动中，寻衅滋事、扰乱公共秩序的，给予批评、教育并予以制止；违反治安管理的，由公安机关依照《治安管理处罚法》的规定给予处罚；构成犯罪的，依法追究刑事责任。（第七章第五十一条）
《学校体育工作条例》	1. 对违反本条例，有下列行为之一的单位或者个人，由当地教育行政部门令其限期改正，并视情节轻重对直接责任人员给予批评教育或者行政处分： （1）不按规定开设或者随意停止体育课的； （2）未保证学生每天一小时体育活动时间（含体育课）的； （3）在体育竞赛中违反纪律、弄虚作假的； （4）不按国家规定解决体育教师工作服装、粮食定量的。（第八章第二十七条） 2. 对违反本条例，侵占、破坏学校体育场地、器材、设备的单位或者个人，由当地人民政府或者教育行政部门令其限期清退和修复场地、赔偿或者修复器材、设备。（第八章第二十八条）
《全国普通高等学校体育课程教学指导纲要》	体育课程建设的评价由教育部组织进行。各省、自治区、直辖市教育行政部门应根据教育部有关规定制定评价方案，定期表彰和奖励有突出贡献的个人和成绩优秀的单位。教育部在四年一次的全国大学生运动会上进行全国性表彰和奖励，充分发挥教育评价的导向和激励作用。（第七部分第二十二条）

就大学体育工作而言，《国家学生体质健康标准（2014 年修订）》《普通高等学校体育工作基本标准》《学校体育工作条例》是目前大学体育领域最直接、最普适的工作制度和督查评价制度。

第三章
《国家学生体质健康标准》研究

　　《国家学生体质健康标准》是学校体育工作的基础性指导文件和教育质量基本标准,是评价学生综合素质、评估学校工作和衡量各地教育发展的重要依据,是《国家体育锻炼标准》在学校的具体实施。学生体质健康一直是政府部门关心、社会各界关注、学校教育侧重的"热点"和"焦点"问题,也是各级各类学校体育工作的"重中之重"。我国学生体质健康状况在持续 30 年下滑之后,近年正呈现积极变化,大部分指标止跌回升,个别指标出现连续上升势头,但大学生体质健康下滑趋势依然没有得到遏制,学生体质健康形势依然严峻,运动不足问题仍然突出,体质健康状况还没有根本改变。"增强学生体质,增进学生体质健康"一直是学校体育工作的基本功能和出发点,也是当前大学体育工作的核心使命和首要任务。

第一节　学生体质健康标准制度的历史沿革

　　20 世纪 50 年代初期,国家体委在学习和仿照苏联学校体育工作制度的基础上,制定了适用于我国青少年的统一锻炼标准,即《准备劳动与卫国体育制度》,于 1954 年公布试行《劳卫制暂行条例》,随后又多次修改,改称《劳动与卫国体育制度》,简称劳卫制,1964 年,改称《青少年体育锻炼标准》,1966 年"文化大革命"开始后,中断了试行。1974 年,国家体委重新制定了锻炼标准的试行条例,在重点试行的基础上进行修改,1975 年改称《国家体育锻炼标准》,在全国普遍推行。从 1979 年开始,结合实践经验不断对其进行修正。1982 年 8 月 27 日国家体委颁布新的《国家体育锻炼标准》,1989 年 12 月 9 日国务院批准颁布《国家体育锻炼标准施行办法》,1990 年国家教委印发了《大学生体育合格标准》及《大学生体育合格标准实施办法》,1990 年 1 月 6 日国家体委颁布《国家体育锻炼标准施行办法》。

　　2003 年国家体育总局联合八个部委对《国家体育锻炼标准》进行了第三次修订,颁布了《普通人群体育锻炼标准》,它与同时期出台的《学生体质健康标准》互为补充，2007 年教育部将《学生体质健康标准》修改为《国家学生体质健康标准》，2013 年 12 月 16 日，国家体育总局、教育部、全国总工会印发修订后的《国家体育锻炼标准施行办法》，2014 年教育部发布《关于印发〈国家学生体质健康标准（2014 年修订）〉的通知》《关于印发〈学生体质健康监测评价办法〉等三个文件的通知》，目前我国大学体育考评主要执行的是《国家学生体质健康标准（2014 年修订）》。

自 1954 年《劳卫制暂行条例》出台到 2014 年《国家学生体质健康标准（2014 年修订）》颁布的 60 年间，我国大学生体质健康标准制度的建设至少经历了以下 9 个阶段，见图 3-1。

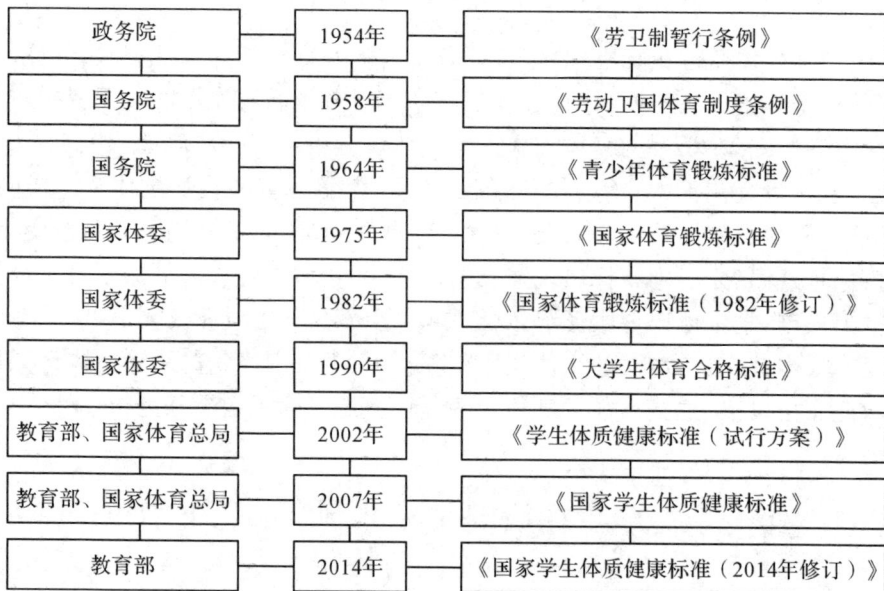

政务院	1954年	《劳卫制暂行条例》
国务院	1958年	《劳动卫国体育制度条例》
国务院	1964年	《青少年体育锻炼标准》
国家体委	1975年	《国家体育锻炼标准》
国家体委	1982年	《国家体育锻炼标准（1982年修订）》
国家体委	1990年	《大学生体育合格标准》
教育部、国家体育总局	2002年	《学生体质健康标准（试行方案）》
教育部、国家体育总局	2007年	《国家学生体质健康标准》
教育部	2014年	《国家学生体质健康标准（2014年修订）》

图 3-1 中国大学生体质健康标准评价制度历史演进

第二节　我国大学生体质健康标准的评价制度比较

我国大学生体质健康评价制度与学生体质健康评价制度的发展历史总体上"同源同脉"，除 1990 年国家教委分别出台《大学生体育合格标准》《中学生体育合格标准》《小学生体育合格标准》外，大学生体质健康标准大多作为学生体质健康标准中的一个组别整合于整个条例或标准中，自 1954 年以来的 60 多年间国家共出台 9 种有关学生体质健康标准的专门性条例或标准，平均 6.7 年调整或修订一次，但 21 世纪以来，频率明显提高一倍，反映出我国学生体质健康水平不够理想以及政府、社会、学校对学生体质问题的重视和解决问题的急切愿望。

为更加科学地发挥国家学生体质健康标准测试系统和监测评价系统的功能，教育部于 2014 年 7 月出台了《国家学生体质健康标准（2014 年修订）》（以下简称"2014 年修订版标准"），这是 21 世纪以来，国家有关职能部门继 2002 年 7 月《学生体质健康标准（试行方案）》（以下简称"2002 年试行版标准"）、2007 年 4 月《国家学生体质健康标准》（以下简称"2007 年调整版标准"）出台后的最新标准和要求。

为便于广大高校体育教育工作者更好地解读和贯彻"2014 年修订版标准"，本人以大学组为主要研究对象，对"2002 年试行版标准""2007 年调整版标准"和"2014 年修订版标准"等三个学生体质健康标准（以下简称"三个健康标准"）出台的背景形势、大学组体质健康评价指标体系构建、内容特征、等级区间与比例、测试项目以及身体素质项目评分标准等方面分别进行了比较和分析，以期演绎出中国大学生体质健康标准评价制度的调整"轨迹"，在此基础上，分析"2014 年修订版标准"的历史继承性、发展性和局限性，为广大高校体育教育工作者深入解读并贯彻实施"2014 年修订版标准"，以及全面开展大学体育课堂教学改革提供理论参考。

背景形势、指标体系、内容特征、等级区间与比例、测试项目以及身体素质项目评分标准等方面是学生体质健康标准评价制度的核心内容。

一、背景形势比较

20 世纪以来，国家政府部门相继出台的"三个健康标准"都是对各时期学校学生体质健康水平测试和监测评价结果的整合反映，分别与全国不同时期提高青少年的身体健康素质、满足国家对受教育者的全面发展和培养人才战略的基本要求相一致，体现国家对青少年体质以及学校体育课程、课外体育活动的后续发展规划和具体要求。"三个健康标准"出台的主要背景基本相同，见表 3-1。

表 3-1 "三个健康标准"出台的主要背景比较

2002 年试行版标准	2007 年调整版标准	2014 年修订版标准
1.学生身体形态发育水平继续提高； 2.营养状况继续改善； 3.肺活量继续呈现下降趋势； 4.超重及肥胖学生明显增多； 5.速度、耐力、柔韧、爆发力和力量素质均有所下降。	1.学生身体形态发育水平继续提高； 2.营养状况继续改善； 3.肺活量继续呈现下降趋势； 4.肥胖检出率继续上升； 5.速度、爆发力、力量、耐力素质水平继续下降； 6.握力水平有所提高； 7.视力不良检出率仍然居高不下。	1.超重和肥胖现象严重； 2.肺功能指标维持低水平； 3.近视发生率继续增加； 4.速度、力量素质增长趋于停滞，耐力素质低谷徘徊，柔韧素质成绩向好； 5.学生体质健康水平下降的趋势得到初步遏制，但大学生体质健康下滑趋势依然继续； 6."运动不足"问题仍然突出，体质健康状况还没有根本改变。

二、指标体系比较

"三个健康标准"主要从身体形态、身体机能以及身体素质与运动水平三个主要方面进行个体综合测试与评价，但在不同时期"三个健康标准"的项目选测、指标权重以及生成性指标的选择各有不同，体现出学生体质健康标准指标的不稳定性和项目评价水平的动态性，见表 3-2。

表 3-2 "三个健康标准"（大学）评价指标体系比较

指标体系	2002 年试行版标准		2007 年调整版标准		2014 年修订版标准	
	指标	权重	指标	权重	指标	权重
身体形态	身高标准体重	15%	身高标准体重	10%	体重指数（BMI）	15%
身体机能	肺活量体重指数	15%	肺活量体重指数	20%	肺活量	15%
身体素质与运动水平	50 米跑/立定跳远	30%	50 米跑等（6 选 1）	20%	50 米跑 立定跳远 坐位体前屈	20% 10% 10%
	坐位体前屈等 （5 选 1）	20%	坐位体前屈等 （5 选 1）	20%	引体向上（男）/ 1 分钟仰卧起坐（女）	10%
	1000 米跑（男）/ 800 米跑（女）/台阶 试验（城市学校必选）	20%	1000 米跑（男）/ 800 米跑（女）/ 台阶试验	30%	1000 米跑（男）/ 800 米跑（女）	20%

注："/"代表同类项目间可选测项目。

三、内容特征比较

无论是组别设置、测试项目，还是总分设计以及评分办法，"三个健康标准"都不相同，"2014 修订版标准"首次将大学组分设为低年级组（一、二年级）和高年级组(三、四年级)两个组别,也是"三个健康标准"中受测项目(必测)最多但项目唯一性最高、生成性指标最少(体重指数)的标准,见表3-3。前两个标准中生成性指标分别有握力体重指数、肺活量体重指数和台阶试验指数,生成性指标越少,直接评价性就越强。

表3-3　"三个健康标准"(大学)的内容特征比较

类别	2002 年试行版标准	2007 年调整版标准	2014 年修订版标准
项目总数	13	17	10
必测项目	6	6	8
组　别	1	1	2
满　分	120	105	120
评分标准	区间制	百分制	百分制
生成指标	3	3	1

注:2007 年、2014 年考核成绩采用"基础分＋附加分"的方式,故满分超过 100 分。

四、评价等级比较

将评价结果分为优秀、良好、及格和不及格四个等级是"三个健康标准"的共性,但各等级的区间划分除不及格外都有所不同,见表3-4、表3-5。同时,等级分布在标准设计过程中总体趋于"正态分布",但良好和及格等级的设计比例存在较大的变动性,良好率下降 25％,及格率提高 25％,见图3-2。

表3-4　"三个健康标准"(大学)等级评价标准比较

等级	2002 年试行版标准	2007 年调查版标准	2014 年修订版标准
优秀	≥86 分	≥90 分	≥90 分
良好	76—85 分	75—89 分	80.0—89.9 分
及格	60—75 分	60—74 分	60.0—79.9 分
不及格	≤59 分	≤59 分	≤59.9 分

表3-5　"三个健康标准"(大学)身体素质测试项目权重变化比较

测试项目	2002 年试行版标准	2007 年调整版标准	2014 年修订版标准
50 米跑	30％	20％	20％
立定跳远	30％	20％	10％
坐位体前屈	20％	20％	10％

测试项目	2002 年试行版标准	2007 年调整版标准	2014 年修订版标准
1 分钟仰卧起坐	20%	20%	10%
引体向上(男)	—	20%	10%
1000 米跑(男)/ 800 米跑(女)	20%	30%	20%

注:以上测试项目含必测项目和选测项目。

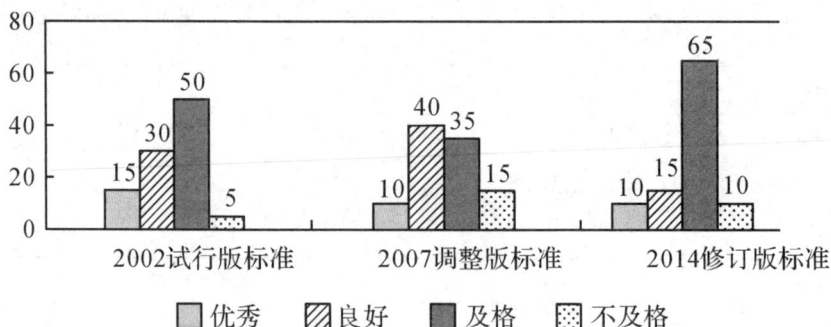

图 3-2　"三个健康标准"中各等级评定比例比较

五、素质项目评分标准及其比较

50 米跑、立定跳远、坐位体前屈、1 分钟仰卧起坐(女)、1000 米跑(男)/800 米跑(女)是"三个健康标准"共同设置的必测或选测项目,引体向上(男)是"2007 年调整版标准"和"2014 年修订版标准"设置的项目,为便于比较,现将以上述 7 个身体素质测试项目评分标准进行比较,以反映大学男女生身体素质项目评分标准调整幅度及其变化的趋势特征。因"2002 年试行版标准"评分办法采取区间制,为便于统一比较,除 100 分和 60 分等级外,对其 70 分、80 分和 90 分三个等级评分标准均按相邻得分区间极限分差法进行了百分制换算。

1.50 米跑

从"三个健康标准"的男女生 50 米跑评分标准调整幅度(以"2002 年试行版标准"为基准,下同)及变化趋势总体来看,评分标准经普遍上调后又普遍下调,同时优秀和及格标准调整幅度大于其他等级变化的幅度,体现出大学生速度素质持续下降趋势尚未得到有效遏制,也没有得到有效激励。将"2014 年修订版标准"与"2007 年调整版标准"相比,可以看出,男女生 50 米跑所有等级均有所下调,其中优秀和及格等级调幅最大,优秀等级标准均下调了 11.7%,及格等级标准均下调了 12.3%,见表 3-6,这与"2014 年修订版标准"整体调控及格率有直接关系。

表 3-6　50 米跑评分标准及等级变化特征

性别与等级分数		2002 年试行版标准		2007 年调整版标准		2014 年修订版标准	
		成绩（秒）	环比（%）	成绩（秒）	环比（%）	成绩（秒）	环比（%）
男生	100 分	6.8	—	6.0	11.8	6.7	−11.7
	90 分	6.9	—	6.5	5.8	6.9	−6.2
	80 分	7.4	—	7.0	5.4	7.1	−1.4
	70 分	7.8	—	7.6	2.6	8.1	−6.6
	60 分	8.4	—	8.1	3.6	9.1	−12.3
女生	100 分	8.3	—	7.2	13.3	7.5	−11.7
	90 分	8.6	—	7.8	9.3	7.7	−6.2
	80 分	9.2	—	8.2	10.9	8.3	−1.4
	70 分	9.6	—	8.6	10.4	9.3	−6.6
	60 分	11.0	—	9.0	18.2	10.3	−12.3

注："2014 修订版标准"以大一、大二评分标准为参照，下同。

2. 立定跳远

从"三个健康标准"的男女生立定跳远评分标准调整幅度及变化趋势总体上来看，男生立定跳远优良等级连续上调，男女生良好以下等级呈现上调后再下调的变化特征。将"2014 年修订版标准"与"2007 年调整版标准"相比，反映出男生立定跳远优良等级小幅上调，男女生立定跳远其他等级多较小幅度下降或不变，见表 3-7，这与"2014 修订版标准"大幅提高及格率（↑30%），大幅下调良好率（↓25%）的设计原则有直接关系。

表 3-7　立定跳远评分标准及等级变化特征

性别与等级分数		2002 年试行版标准		2007 年版调整版标准		2014 年修订版标准	
		成绩（厘米）	环比（%）	成绩（厘米）	环比（%）	成绩（厘米）	环比（%）
男生	100 分	255	—	266	4.3	273	2.6
	90 分	251	—	258	2.8	263	1.9
	80 分	238	—	248	4.2	248	0.0
	70 分	228	—	235	3.1	228	−3.0
	60 分	195	—	214	9.7	208	−2.8
女生	100 分	196	—	207	5.6	207	0.0
	90 分	189	—	199	5.3	195	−2.0
	80 分	176	—	189	7.4	181	−4.2
	70 分	166	—	176	6.0	166	−5.7
	60 分	139	—	158	13.7	151	−4.4

3.坐位体前屈

从"三个健康标准"的男女生坐位体前屈评分标准调整幅度及其总体变化趋势来看,男女生各等级标准总体都较大幅度上调,尤其是及格的调整幅度最大。将"2014年修订版标准"与"2007年调整版标准"相比,可看出除男生70分等级小幅下调外,男女生坐位体前屈其余等级均上调,女生调整幅度大于男生,女生平均上调幅度为69.02%,其中及格等级上调了2.5倍以上,见表3-8。这与女生柔韧性普遍优于男生,大学生柔韧素质已得到一定程度提高,以及良好等级比例调低、激励中上等级学生继续提升有直接关系。

表3-8 坐位体前屈评分标准及等级变化特征

性别与等级分数		2002年试行版标准		2007年调整版标准		2014年修订版标准	
		成绩(厘米)	环比(%)	成绩(厘米)	环比(%)	成绩(厘米)	环比(%)
男生	100分	18.1	—	23	27.1	24.9	8.3
	90分	17.6	—	19.8	12.5	21.3	7.6
	80分	12.4	—	16.2	30.6	17.7	9.3
	70分	8.5	—	11.3	32.9	10.7	-5.3
	60分	0.1	—	3	2900.0	3.7	23.3
女生	100分	18.1	—	21.1	16.6	25.8	22.3
	90分	16.6	—	18.6	12.0	22.2	19.4
	80分	12.5	—	15	20.0	19	26.7
	70分	9.5	—	10.1	6.3	12.5	23.8
	60分	3	—	1.7	-43.3	6	252.9

4.1000米跑(男)/800米跑(女)

从"三个健康标准"的男女生耐力跑评分标准调整幅度及其总体变化趋势来看,优良等级连续小幅上调,中下等级呈现上调后再小幅下调的变化特征。将"2014年修订版标准"与"2007年调整版标准"相比,可以看出男女生优良等级均小幅上调,女生中下等级总体下调,见表3-9。这与当代大学生普遍耐力素质下降以及良好等级比例调低、激励中上等级继续提升有关。

表 3-9 1000 米跑(男)/800 米跑(女)评分标准及等级变化特征

性别与等级分数		2002 年试行版标准		2007 年调整版标准		2014 年修订版标准	
		成绩(秒)	环比(%)	成绩(秒)	环比(%)	成绩(秒)	环比(%)
男生	100 分	219	—	207	5.5	197	4.8
	90 分	224	—	219	2.2	207	5.5
	80 分	229	—	229	0.0	222	3.1
	70 分	245	—	245	0.0	247	−0.8
	60 分	304	—	273	10.2	272	0.4
女生	100 分	217	—	204	6.0	198	2.9
	90 分	223	—	218	2.2	210	3.7
	80 分	245	—	230	6.1	224	2.6
	70 分	261	—	243	6.9	249	−2.5
	60 分	303	—	263	13.2	274	−4.2

5.引体向上(男)/1 分钟仰卧起坐(女)

从"三个健康标准"的 1 分钟仰卧起坐(女)评分标准调整幅度及其总体变化趋势来看,优良等级连续上调,中下等级呈现大幅上调后小幅下调的变化特征。将"2014 年修订版标准"与"2007 年调整版标准"相比,可以看出 1 分钟仰卧起坐(女)优良等级连续上调,引体向上(男)各等级评分标准都有较大幅度下调,平均调幅为17%,其中最大调幅为优良等级,见表 3-10。这与良好等级比例调低、激励中上等级女生继续参与锻炼加以提升,以及引体向上(男)自 21 世纪以来首次列入必测项目,整体水平不高需要给予激励有直接关系。

表 3-10 引体向上(男)/1 分钟仰卧起坐(女)评分标准及等级变化特征

性别与等级分数		2002 年试行版标准		2007 年调整版标准		2014 年修订版标准	
		成绩(次)	环比(%)	成绩(次)	环比(%)	成绩(次)	环比(%)
男生	100 分	—	—	26	—	19	−26.9
	90 分	—	—	21	—	17	−19.0
	80 分	—	—	18	—	15	−16.7
	70 分	—	—	15	—	13	−13.3
	60 分	—	—	11	—	10	−9.1
女生	100 分	44	—	52	18.2	56	7.7
	90 分	42	—	45	7.1	52	15.6
	80 分	34	—	42	23.5	46	9.5
	70 分	27	—	37	37.0	36	−2.7
	60 分	20	—	28	40.0	26	−7.1

注:"2002 年试行版标准"中不设男生引体向上项目。

六、比较结果与分析

通过对"三个健康标准"以上五个方面的综合比较,总结出我国大学生体质健康标准调整的基本特征和轨迹:

第一,"标准"的调整时机充分反映了各时期国家对青少年体质、学校体育课程、课外体育活动的发展导向,"三个健康标准"测试项目的设计总体呈现出由"安全型""人文型"调整为"运动激励型"的变化轨迹。

第二,测试项目总数、组别、总分分值、分级标准和分级比例等设置上总体呈动态变化,体现出为了确保相对合理的等级比例而根据学生体质调研实际及分布特征调整评价标准,确保一定比例合格率的调控轨迹。

第三,测试项目更加简便易行,可操作性和检测性趋强,指标结构趋于简单化,尽量避免因测试仪器不准确、测试动作不规范而引起的测试误差和系统误差,直接测试和评价更加简单明了,体现了测试项目与锻炼归一性和简捷性的调控轨迹。

第四,除 50 米跑、引体向上(男)外,其他身体素质类测试项目标准总体上调,反映出稳定合格线,提升其他等级线,激励学生积极参加锻炼,提高身体素质的要求,呈现出运动激励型调控轨迹。

"2014 年修订版标准"在全国亿万学生中掀起校园阳光体育运动热潮,该标准积极贯彻党的十八届三中全会决定,"强化体育课和课外锻炼,促进青少年身心健康、体魄强健",是在青少年运动不足问题仍然突出,青少年学生体质健康状况还没有根本改善,学生体质健康测试仪器准确性低,校园耐力跑安全事故多发,测试标准激励性不强等背景下出台的。它延续了"2002 年试行版标准"和"2007 年调整版标准"的若干特征,也进行了改革创新和突破,对当前各级各类学校强化素质教育,实施教学创新,提升内涵建设具有积极意义,但从教育实践和历史视域来看也同样存在一定的局限性。

1.继承性分析

一是指标体系与测试项目。继续采用学制年限每学年测试一次制度,以身体形态、身体机能、身体素质与运动水平这三项指标作为学生体质健康评价标准的指标体系,其中身高、体重、肺活量、50 米跑、立定跳远、坐位体前屈、1 分钟仰卧起坐(女)、1000 米跑(男)/800 米跑(女)9 个项目一直作为必测或选测项目。

二是身体素质权重。身体素质项目评分标准的占比一直保持在 70%,注重耐力素质、速度素质、力量素质和柔韧素质的全面发展。

三是毕业班和"评先推优"学生的成绩规定。要求毕业班学生当年体质健康必须及格,同时成绩按毕业当年的成绩和其他学年平均成绩各占 50% 之和进行评定,成绩不及格者按肄业处理,继续强调"评先推优"须达到良好等级及以上的规定。

四是中间等级比例。通过项目权重和评分标准调控,基本确保及格和良好比例占 75%左右,以确保中间等级占大多数的正态分布。

2.发展性分析

"固化"测试项目,取消选测项目。针对前两个标准存在的选测指标不合理,同类不同项目相关度不高,项目之间评分标准差别较大、评定等级不一致、缺乏整体性统一评价指标等问题,"2014 年修订版标准"完全采用固定测试项目,确保了全国不同地域测试项目、评价项目、评价标准和评价结果的统一性,避免了可选测的同类不同项目间关联度不一的影响。

测试项目与锻炼项目的同一性。只有测试项目与锻炼项目高度一致,锻炼项目才能具有最高的关联度,才能产生直接促进作用,激发学生锻炼积极性。

测试的可操作性和检测性。取消了台阶试验和握力测试这两个需要完全依赖测试仪器的测试项目,从而尽量减少因仪器本身不准确、测试技术不规范而引起的测试误差和系统误差。采取直接百分制评定法和固定项目测试法,减少生成性指标,增加直接性指标,便于直接测试和评价,等级标准对测试者和评价者来说更加简单明了,激励性更强。

整体上调标准,激励锻炼,提供补偿机制,取长补短。"2014 年修订版标准"将大学组分成低年级和高年级两个组别,并将两个组别的身体素质评分标准均略微上调,促使没有体育课的高年级学生继续开展体育锻炼活动,激励大学生不断提高身体素质。除 50 米跑和引体向上(男)在首次列为必测项目后各等级评分标准下调外,其他身体素质项目评分标准总体上调,尤其是优秀标准。通过降低及格标准,取消设置最低标准来提高学生参加体育活动的兴趣,同时在基本分的基础上,设置附加分进行补偿性奖励,促使学生向更好、更强、更全面方向发展。

3.局限性分析

上位法规与下位法规之间的不呼应性与"冲突"一直是学生体质健康标准实施的法律风险和纠纷隐患。"三个健康标准"都规定了普通高中、中等职业学校和普通高等学校学生毕业时,测试成绩达不到及格标准者按结业或肄业处理,而教育部现行《全日制普通高校学生学籍管理办法》中并没有相应的规定以及解释说明,根据我国目前法律规范冲突时适用的上位法优于下位法原则,当出现学生因体质健康标准成绩不及格不能毕业时,就容易产生法律纠纷以及校园群体性事件。

频繁根据学生体质现状调研结果及等级比例设计调整项目评价标准,并不能全面、连续地反映学生体质健康标准水平及其变化趋势。作为国家标准,应在一个相对较长的时期内保持稳定的统一测试项目和评价标准,确保该时期内各年级各等级标准的达标率与项目水平分布趋势的完全一致性,真实反映学生体质健康水平变化趋势，避免因确保及格率而不时调整测试项目和评价标准产生的"被调控"了的及格率和学生体质情况"失真"现象。

测试评价系统与监测系统不协调的工作机制，影响了测试工作的科学性和有效性。国家学生体质标准政府支持系统、学校测试评价系统与国家监测系统是目前承担我国学生体质测评工作的主要运行系统。"三个健康标准"都规定了每年度测试和上报制度，但所有学校都是学年制运行，按学年落实教学计划，实际上按年度上报体质健康标准测试成绩的协调工作机制仍未建立和运行，这直接影响了测试进程的科学性和学生体质健康水平的真实性。另外，每年大一新生体质测试成绩都不理想，通过锻炼后的补测、重测机制尚未有效构建，从而造成我国大学生体质健康水平一直较为"低下"而且大一阶段最低的现象。

肥胖、超重学生群体比例高的问题已成为社会性问题，也是短期内不可能明显改善的社会性问题。"2014 年修订版标准"的引体向上（男）、立定跳远、50 米跑、1000 米跑（男）/800 米跑（女）等至少五个项目，都是肥胖、超重学生群体达到及格等级难度很大的项目，基本注定一入大学就不能及格。这类群体单靠个体自主锻炼，锻炼效果有限，处置不当可能会造成其不能顺利毕业、就业等社会性问题，这一"难点"和"焦点"问题需要进一步细化分析和研究对策。

取消选测项目后，对部分非肢体性残疾但有局部功能性障碍的特殊学生，缺乏统一的替代项目，只能放弃某项目或直接免测，从而容易引起免测或不及格学生比例的上升，因此对特殊学生仍有必要制订一些相对应、关联度较密切的替代性项目，须凭有关证明，经申请后签批同意方可替代，但需要注明替代项目，以维护特殊群体的基本权益，激励这些学生积极参加锻炼和体质健康标准测试工作。

第三节　学生体质健康标准的督查与评价

《国家学生体质健康标准》是一项系统化工作制度，包括测试制度、上报制度、审查制度、抽查复核制度、研判制度、公示制度和评价制度。其中抽查复核制度是将现场抽查测试数据与学校上报测试数据进行一致性比对，综合分析和反馈各地情况的工作制度。它具有复核矫正、反馈调整的功能，以提高学生体质健康状况教育监测和绩效评价的支撑能力，也是国家和各级教育行政部门开展体育工作督查与评价的主要内容。

一、浙江省高校学生体质健康状况现场抽测方案及评价制度优化研究

浙江省教育厅于 2014 年对全省 54 所本科院校（含独立院校）、2015 年对 54 所

本科高校(含独立学院)及43所高职高专院校的体质健康状况主要指标(5项)进行了现场抽测,并通过排名制向社会公布及通报各高校,对推动全省高校学生体质健康提升工程起到了积极的促进作用,但其抽测方案的科学性、评价制度的合理性一直是全省高校体育工作者质疑的主要问题之一。本着"把好事办好"的工作理念,本人曾对浙江省高校学生体质健康状况现场抽测方案及评价制度如何进一步优化的问题进行研究,以期有效提升学生体质健康状况现场抽测制度的科学性、合理性和公平性。

1.现行抽测方案和评价制度

由浙江省教育厅指定抽测承办单位对每所高校随机抽测学生共240名(其中女生30名,男生10名为备测学生)。抽测对象为本科院校三年级学生,高职高专院校二年级学生,其中男女生、文理科各占一半。学生凭学生证或身份证参加抽测,由于伤病、身体不适等原因不能正常参加测试者,由学校出具医院诊断证明,由抽测工作组进行备案后,现场从备测名单里抽取其他学生补足抽测人数。时间一般为两个半天,抽测项目为5项身体素质代表项目:50米跑、立定跳远、坐位体前屈、引体向上(男)/1分钟仰卧起坐(女)、1000米跑(男)/800米跑(女)。受委托承担抽测工作的单位组织14个抽测工作组,每3—5人为一组,每小组一般负责6—8所高校的现场抽查复核工作。为保证抽测工作公平、公正,浙江省教育厅还专门选派监督员参加各抽测组工作。

测试成绩根据《国家学生体质健康标准(2014年修订)》规定的各项目评分标准和权重进行计算,并换算成最终成绩(以总分70分折算成100分制)。以高校为单位,按照各项目和综合测试成绩的及格率、良好率及以上指标进行统计、排序,同时结合教育部复核、省级抽查等情况,最后分别以及格率和良好率及以上两类排名方式进行公布和通报,并拟将当年度现场抽测及格率排名作为年度教育业绩考核评价重要指标。

2.对现行抽测方案和评价制度的分析

(1)单一性分析

单从现场抽测方案的科学性来看,采用分层抽样方式是较为合理的选择,其操行方案具有相对的独立性和可操作性。但连续两年来承担现场抽测工作和出具分析报告的单位都为同一所学校,不仅需要承接单位至少选派56名测试人员累计近100天的辛苦工作,同时也在一定程度上影响到该校体育教育教学计划和秩序的正常进行,采用这一抽测全委托模式的可持续性和合理性问题必然存在,优选方案之一是在顶层设计方面选择"牵头单位+各校委派1名"的组合式抽测人员选派模式。

单从评价制度方面来看,忽略了占15%的体重指数(BMI)和占15%的肺活量指标,仅用 70% 权重值的身体素质抽测成绩来直接评价学生体质健康水平,这显然也存在不科学性和不合理性。

(2)整体性分析

抽查复核制度是将现场抽查测试数据与学校上报测试数据进行一致性比对,综合分析和反馈各地的工作制度,其目的在于复核矫正和反馈调整,并不在于水平比较。因为每所学校的学生体质健康水平总体并不一致,等级比例分布也不一致,以随机抽测的 200 名学生的身体素质水平来直接反映各校学生整体体质健康水平,显然不尽科学、不够合理和不甚公平,其评价缺乏有效性。由此看来,每年度的抽测结果排名制度和教学业绩考核对广大高校体育教育一线工作者,尤其是体育部室主任来说并不是激励,更多的是压力、无奈和不确定性。

本人对浙江省 11 所高职院校 2015 年度学生体质健康标准测试原始达标率与现场抽测及格率、良好率及以上的抽样进行数理统计分析,结果表明学校自测及格率、良好率及以上等级分别与学生现场抽测结果中的及格率、良好率及以上等级不存在显著性关系,详见表 3-11 和表 3-12。

表 3-11　2015 年度浙江省高职院校自测与抽测等级率对照一览表

单　位	学生总数		及格率		良好率及以上	
	自测	抽测	自测	抽测	自测	抽测
宁波＊＊＊＊学院	9172	200	94.48	85.0	11.36	12.0
台州＊＊＊＊学院	9920	200	88.32	77.5	8.11	5.0
金华＊＊＊＊学院	20165	200	92.49	83.0	13.45	8.0
浙江＊＊＊＊学院	5733	200	89	85.5	6.82	4.5
宁波＊＊＊＊学院	6200	200	94.5	75.0	11.6	5.5
浙江＊＊＊＊学院	10352	200	79	64.5	22.24	2.5
温州＊＊＊＊学院	9381	200	85.26	67.5	6.45	3.0
浙江＊＊＊＊学院	8890	200	96.4	87.0	24.7	12.5
浙江＊＊＊＊学院	3615	200	82.35	66.0	17.44	7.0
浙江＊＊＊＊学院	11193	200	93.6	59.0	14	2.5
浙江＊＊＊＊学院	7789	200	87	80.0	6	7.0

表 3-12　2015 年度浙江省高职院校自测与抽测结果相关性分析表

测试率	相关性	及格率		良好率及以上	
		自测	抽测	自测	抽测
自测合格率	Pearson 相关性	1	0.511	−0.011	0.551
	显著性（双侧）		0.108	0.975	0.079
抽测合格率	Pearson 相关性	0.511	1	−0.142	0.726
	显著性（双侧）	0.108		0.676	0.011
自测良好以上率	Pearson 相关性	−0.011	−0.142	1	0.289
	显著性（双侧）	0.975	0.676		0.389
抽测良好以上率	Pearson 相关性	0.551	0.726	0.289	1
	显著性（双侧）	0.079	0.011	0.389	

以上抽样统计分析结果表明：各学校自测结果与抽测结果不一致。引起这一结果的原因是多方面的，可能是学校自测不够规范、自测与抽测时间存在季节性差异、自测项目整体性评价与抽测项目局限性评价等。

3. 现场抽测方案及评价制度优化研究

（1）现场抽测方案优化设计

由浙江省教育厅具体组织和发文，按照省教育厅高校排名次序，由浙江省普通高校中设有体育专业的院校作为轮值牵头单位，具体负责抽测工作的整体安排、现场抽测人员选调、抽测对象分层取样、现场抽测协调和抽测成绩分析评价工作。现场抽测人员由四部分组成，即教育厅委派的监督员、各高校选派具体负责学生体质健康测试的管理人员、牵头单位的体育教师和体育专业学生，人数比例为 1：1：2：2。

（2）抽测方案设计

抽测人数、分布按照既定方案，抽测项目为学生体质健康标准测试全部项目（包含身高、体重和肺活量），现场抽测目标导向由水平比较调整为将现场抽查测试数据与学校上报测试数据进行一致性比对，建议采取现场抽样 200 名学生与学校上报测试原始各等级达标率进行整体比对，根据现场抽测偏离原测试等级比例情况调整该校上报测试各等级达标率，用统一的评价公式核算出各学校本年度学生体质健康达标全能得分，以全能得分情况进行综合评价。对小部分严重偏离原测试上报等级达标率的学校给予通报。

（3）现场抽测评价制度优化设计

根据《国家学生体质健康标准》的规定和要求，从身体形态、身体机能、身体素质与运动水平等 3 个方面综合评定学生的体质健康水平，由原身体素质 5 项评价调整为 8 项综合评价，抽测项目应全面反映测试规定，否则不能全面反映学生体质健康等级达标水平。

(4)体质健康现场抽测符合性研判标准设计

现场抽测结果与各校上报的等级达标率,必然存在一定的误差,详见表 3-13。对不正常误差率学校应给予通报,以强化学校对测试规范性、准确性的认识和重视,确保综合评价的科学性和公平性。

表 3-13 抽测等级误差率研判标准

误差率	符合性标准
正常误差率	$-5\% \leqslant R \leqslant +5\%$
基本正常误差率	$-8\% \leqslant R < -5\%$ 或 $+5\% < R \leqslant +8\%$
不正常误差率	$8\% < R$ 或 $R < -8\%$

注:R 为抽测等级误差率。

(5)由原直接性测试结果比较调整为间接性综合比对

不以单项测试成绩直接比对标准得分,而应以抽测对象等级率结果修正各校上报测试等级率,参照抽测等级误差率研判标准,对基本正常和不正常误差率进行修正(按先优秀率再良好率、及格率梯次以此类推,上一级不符合率逐级增加到下一级等级率中),再经过一定的达标全能积分换算公式,即优秀率×4+良好率×3+及格率×1-不合格率×2-免测率,以全能得分作为各校学生体质健康状况主要依据。现以浙江某学院学生体质原始上报等级率与抽测等级率为例做一比对,详见表 3-14。

表 3-14 浙江某学院学生体质原始上报等级率与抽测等级率综合比对表

指 标	在校生总数(人)	受测生总数(人)	受测率(%)	优秀率(%)	良好率(%)	及格率(%)	不合格率(%)
自 测	9019	8890	98.6	1.2	23.5	71.7	3.6
抽 测		200		90	90	100	100
各等级误差率				10	10	0	0
自测修正结果	9019	8890	98.6	1.08	21.27	74.05	3.6

将表 3-14 中自测修正结果,换算成该校 2015 年度学生体质健康达标全能得分:优秀率(1.08)×4+良好率(21.27)×3+及格率(74.05)×1-不及格率(3.6)×2-免测率(1.4)=142.18-8.6=133.58(分)。

4.基本结论与建议

《国家学生体质健康标准》抽查复核制度是推进学校切实落实学生体质健康提升工作、促进行动计划的重要载体,是综合监测各校学生体质健康测试成绩准确性的主要手段,也是各省区市同类院校办学水平、教学业绩综合评价和比较的主要依据。作为学校教育主管部门,应认真组织开展抽测方案和评价制度的顶层设计,确保其抽测方案和评价制度的科学性、合理性和公平性。

应积极动员浙江省内体育专业院校作为主要委托单位轮流承担现场抽测工作,选派各校体质测试专职管理员担任测试员,以彰显共同担当、多元参与、相互学习的目的。

建议将抽测项目调整为学生体质健康标准测试全部项目(8项),制订合理区间的体质健康现场抽测误差研判标准;将原身体素质五项成绩直接性测试结果比较调整为间接性测试等级率综合比,并以学生体质健康达标全能得分值作为纵向和横向比较评判的主要依据。

为更好地体现抽测评价制度的科学性和合理性,有关等级率误差研判标准和学生体质健康达标全能得分换算公式有待进一步论证。

二、浙江省高职院校体质健康现场抽测工作现状剖析与对策研究

自 2015 年以来,浙江省教育厅已连续 3 年对浙江省 45 所高职院校 26232 名大二学生开展了 5 项体质健康现场抽测,对引导省内各高职院校学校体育"回归本源",切实加强学生体质健康教育起到了十分积极的促进作用。然而随着现场抽测制度的推进,高职体育教育界对抽测方案的科学性、评价公示制度的合理性和抽测组织工作中的不规范性等问题颇有异议。本人通过对 2015—2017 年浙江省高职院校体质健康抽测结果的数据分析,揭示异议的客观性和合理性,在此基础上,提出进一步优化抽测方案,科学设计公示制度,组织与管理标准化测试的对策和建议。

1.浙江省高职院校体质健康抽测基本情况

2015 年起,浙江省教育厅组织 14—16 个专家组已连续 3 年分别对浙江省高职院校大二男女生各 100 名,进行为期一天的 50 米跑、立定跳远、坐位体前屈、1000 米跑(男)/800 米跑(女)和引体向上(男)/1 分钟仰卧起坐(女)等国家学生体质健康标准中 5 项身体素质的体质健康现场抽测,抽测学校占目前浙江省高职院校数量的 90%以上,在抽测实测人数、学校数、及格率、优良率和平均得分等指标上,均呈增长趋势,详见表 3-15。这是浙江省高职院校学生体质健康水平的客观现状,还是"偶然现象",抑或"表象数据",值得我们剖析与探究。

表 3-15　浙江省高职院校 2015—2017 年体质健康现场抽测情况

指　　标	总人数（人）	学校数（个）	及格率（%）	优良率（%）	平均得分
2015 年	8537	43	77.0	8.9	67.1
2016 年	8740	44	78.6	9.4	67.3
2017 年	8955	45	85.4	15.3	70.0

2. 抽测结果分析

（1）及格率与优良率结果

据调研，浙江省高职院校在校学生规模数平均为 10326 人，每年度以 200 人为抽测样本，抽测率仅 1.9%，而且每所院校学生体质健康测试本身存在优秀、良好、及格与不及格的等级差，在不同院（系）、专业（班级）间同样存在体质健康水平的差异性，通过进一步对浙江省 11 所高职院校 2015 年度学生体质健康标准测试原始达标率与现场抽测及格率、良好率及以上的统计分析表明，学校自测及格率、良好率及以上等级分别与学生现场抽测结果中的及格率、良好率及以上等级不存在显著关系，详见表 3-16。

表 3-16　浙江省高职院校自测与抽测等级相关性分析表

测试率	相关性	及格率		良好率及以上	
		自测	抽测	自测	抽测
自测及格率	Pearson 相关性	1	0.51	−0.01	0.55
	显著性（双侧）	0.11	0.98	0.08	
抽测及格率	Pearson 相关性	0.51	1	−0.14	0.73*
	显著性（双侧）	0.11		0.68	0.01
自测良好率及以上	Pearson 相关性	−0.01	−0.14	1	0.29
	显著性（双侧）	0.98	0.68		0.39
抽测良好率及以上	Pearson 相关性	0.55	0.73*	0.29	1
	显著性（双侧）		0.01	0.39	

引起各学校自测结果与抽测结果不一致的原因是多方面的，可能在于抽测样本的不具代表性，5 项身体素质除以 70% 替代全部 8 项体质达标成绩，学校自测的不规范性，自测与抽测时间的季节差异，抽测时段学生的努力性差异等几个方面。

另外，由于浙江省教育厅自 2015 年以来，实施学生体质健康现场抽测结果年度公示发布制度，省内各高职院校普遍重视学生体质抽测工作，采取了一系列积极有效的学生体质促进干预措施，近 3 年来各项指标数据增长就是最好的佐证，但

2017 年度的及格率和优良等级率增长幅度,分别比上年度提升 8.7% 和 62.8%,显得有些异常。这一则与学生健康水平本身的提升有关,再则与在各校加强宣传教育下,学生积极参加体质现场抽测有关,还与各校根据抽测轮转规律开展可能受测对象的针对性强化训练也有关,更与各校上报学校学生总名单的数据有关(不全上报或遴选性上报)。

(2)抽测排名结果

2015—2017 年分别在全省 43、44 和 45 所高职院校开展了体质健康现场抽测工作。基于分析的系统考虑,本书仅对连续 3 年参加的高职院校排名情况进行剖析,其中由于浙江警官职业学院的特殊性,忽略其指标,共对 42 所院校 3 年来抽测排名进行分析,结果见表 3-17 和表 3-18。

表 3-17　浙江省高职院校体质健康现场抽测及格率排名波动情况

指　标	2015—2016 年排名差	2016—2017 年排名差	2015—2017 年排名差	排名差均数
Max 名次提升	22	37	35	31.3
Max 名次下降	31	35	35	33.7
Min 名次变动	0	1	1	0.7
Max 波动幅度	53	72	70	65
Ave 波动幅度	8.7	13.3	12	11.3

表 3-18　浙江省高职院校体质健康现场抽测优良率排名波动情况

指　标	2015—2016 年排名差	2016—2017 年排名差	2015—2017 年排名差	排名差均数
Max 名次提升	26	35	40	33.7
Max 名次下降	23	40	37	33.3
Min 名次变动	1	0	0	0.3
Max 波动幅度	49	75	77	67
Ave 波动幅度	11.2	13.9	12.7	12.6

以上统计结果表明,3 年平均及格率波动幅度为 11.3 个名次,占 26.9% 的名次,优良率波动幅度为 12.6 个名次,占 30% 的名次,反映出各高职院校每年度体质抽测排名波动较大,尤其是 3 年来学校排名名次高低落差均数分别为 32.5 和 33.5 个名次,不少学校出现前一年排名前十名和次年排名后十名的落差就体现出这个不稳定性,这与抽测样本的不具代表性和学校不同院(系)、不同专业(班级)学生体质健康水平和主观能动性不均衡有必然关系。

（3）5 项身体素质抽测结果

通过连续 3 年对全省高职院校国家学生体质健康标准 5 项身体素质的现场抽测结果分析，发现 3 年来各项抽测结果都不同程度呈上升趋势，着实可喜，详见表 3-19，但在《国家学生体质健康标准（2014 年修订）》总体设计方案良好率下降 25％、及格率提高 25％的背景下，3 年平均得分 68.1 分，尤其是力量类指标引体向上（男）/1 分钟仰卧起坐（女）3 年平均得分仅 40 分，反映出全省高职院校学生体质健康总体水平仍处于中等偏下水平。

表 3-19　浙江省高职院校 2015—2017 年体质健康现场抽测 5 项身体素质结果

指　　标	50 米跑	坐位体前屈	立定跳远	1000 米跑（男）/800 米跑（女）	引体向上（男）/1 分钟仰卧起坐（女）	均数分
2015 年	75.3	73.4	71.1	68.2	37.9	67.1
2016 年	75.5	73.2	70.3	68.6	39.6	67.3
2017 年	77.5	75.6	72.0	72.6	42.5	70.0

3.研究结论与对策建议

3 年来，通过开展全省高职院校学生体质健康现场抽测工作，对引导、督促各高职校进一步重视，加强学生体质促进和干预工作起到了十分积极的作用。3 年来学生体质健康各项测试成绩数据均呈上升趋势，但全省高职院校学生体质健康总体水平仍处于中等偏下；抽测结果不能全面客观地反映学校整体及格率和优良率水平，需要不断优化抽测方案，提升其科学性和合理性；排名公示制度虽能起到政府行政力的"杠杆撬动"效应，但因抽测制度的不甚科学，必然导致评价的不够合理；全省高职院校内部不同院（系）、专业（班级）之间学生体质健康水平呈现不均衡性，导致全省高职院校 3 年抽测结果排名的离散性大，波动大；根据现行的规律性抽测制度和抽测办法，全省各高职院校已存在不同程度的"应测"取向，对高职校全面落实体育教学任务不利。

建议将目前 200 名学生体质现场抽测结果的直接性水平抽测调整为诊断性抽测，用现场抽测结果诊断各高职院校体质健康自测的规范性，摈弃既定的按院（系）、专业（班级）轮流的抽测规律，减少"应测"现象，以提升各校体质促进工作的全面性。鉴于目前不少学校"遴选性"上报的不严肃性、不规范性现象，相关部门在下发抽测通知时，需要强化总名单上报率，强调上报率 95％以上的基本要求，并对弄虚作假现象"零容忍"。为全面对应《国家学生体质健康标准（2014 年修订）》测试项目和评分标准，将现行仅抽测 5 个身体素质项目调整为含身高、体重和肺活量的全部 8 个体质健康测试项目。改革绝对排名公示制度，将按及格率和优良率的绝对值排名的办法调整为等级排名法，设立及格率 A（R≥90％）、B（90％＞R≥

85％)、C(85％＞R≥75％)、D(75％＞R≥60％)和E(R＜60％)5个等级,优良率A(R≥25％)、B(25％＞R≥20％)、C(20％＞R≥15％)、D(15％＞R≥10％)和E(R＜10％)5个等级。采取"全能积分"综合排名法。鉴于难以对及格率和优良率这2个指标存在的不同排名结果进行统一性评价,建议采用"全能积分"统一换算成标准结果。"全能积分"标准得分换算公式为:优秀率×4＋良好率×3＋及格率×1－不及格率×2－免测率。建议引入第三方监测机制。由省教育厅委托第三方独立法人履行第三方监测和评价机制,尽量避免一直以来委托浙江师范大学体育健康学院教师承担相关工作而影响该校正常教学秩序的现象,也更大限度地提升学生体质健康监测评价的非行政化、独立性和公正性。

三、浙江省高职重点校学生体质健康现场抽测结果分析与对策研究

金华职业技术学院、浙江机电职业技术学院、浙江金融职业学院、宁波职业技术学院和温州职业技术学院作为浙江省目前在建的5所高职重点校,它们在近3年的学生体质健康抽测中表现如何,是否彰显了示范引领力,是否具有与学校省高职重点校相匹配的学生体质健康水平和排名优势。本人通过对近3年浙江省高职院校体质健康抽测结果中5所省高职重点校数据的分析与比较,指出存在的优势和不足,在此基础上,提出促进省高职重点校学生体质健康水平干预对策。

1.浙江省高职重点校学生体质健康抽测结果与比较

2015年起,浙江省教育厅组织14—16个专家组已连续3年分别对浙江省高职院校大二男女生各100名,进行为期一天的50米跑、立定跳远、坐位体前屈、1000米跑(男)/800米跑(女)和引体向上(男)/1分钟仰卧起坐(女)等《国家学生体质健康标准》中5项身体素质的体质健康现场抽测,抽测学校占目前浙江省高职院校数的90％以上,在抽测实测人数、学校数、及格率、优良率和平均得分等指标上,均呈增长趋势,详见表3-20。

表3-20 浙江省高职院校2015—2017年体质健康现场抽测情况

指 标	抽测实测人数(人)	学校数(个)	及格率(％)	优良率(％)	平均得分
2015年	8537	43	77.0	8.9	67.1
2016年	8740	44	78.6	9.4	67.3
2017年	8955	45	85.4	15.30	70.0

2.浙江省高职重点校体质健康抽测成绩基本情况

统计结果表明,目前浙江省5所高职重点校在国家学生体质健康标准测试的自测及格率与优良率等方面均优于浙江省和全国高职院校平均水平。但在浙江省

高校 2015—2017 年学生体质健康现场抽测中，与全省高职平均水平总体相当，在优良率方面低于全省平均水平 15.2%，详见表 3-21 和表 3-22。

表 3-21 浙江省高职重点校学生体质健康达标自测情况比较

指　标	独立体质测试中心设置率（%）	体质专门管理员设置率（%）	及格率（%）	优良率（%）
浙江省高职重点校	100	100	90.8	18.7
浙江省高职均数	75	85	90.0	11.2
全国高职均数	70	83	78.5	7.8

表 3-22 浙江省高职重点校 2015—2017 年体质健康现场抽测成绩比较

指　标	及格率	优良率	均数得分	50 米跑	坐位体前屈	立定跳远	1000 米跑（男）/800 米跑（女）	引体向上（男）/1 分钟仰卧起坐（女）
高职重点校均数	80.2%	9.5%	68.0	75.0	74.7	71.3	70.3	39.5
全省高职均数	80.3%	11.2%	68.1	76.1	74.1	71.1	69.8	40.0

3.浙江省高职重点校体质健康抽测排名基本情况

统计结果表明，在浙江省高校 2015—2017 年学生体质健康现场抽测中，省高职重点校平均排名居中，3 年中合格率与优良等级率排名波动均较大，平均波幅为 12.0% 和 13.2%，详见表 3-23、表 3-24 和表 3-25。

表 3-23 浙江省高职重点校 2015—2017 年体质健康现场抽测情况与排名比较

指　标	及格率		优良率	
	比例（%）	排名	比例（%）	排名
浙江省高职重点校均数	80.2	23.5	9.5	21.9
浙江省高职院校均数	80.3	22.0	11.2	22.2

表 3-24 浙江省高职重点校体质健康现场抽测及格率排名波动情况统计分析

指　标	2015—2016 年排名差	2016—2017 年排名差	2015—2017 年排名差	排名差均数
Max 名次提升	10	20	14	14.7
Max 名次下降	14	27	22	21.0
Min 名次变动	5	6	3	4.7
Max 波动幅度	24	47	36	35.7
Ave 波动幅度	8	17	11	12.0

表 3-25　浙江省高职重点校体质健康现场抽测优良率排名波动情况统计分析

指　标	2015—2016 年排名差	2016—2017 年排名差	2015—2017 年排名差	排名差均数
Max 名次提升	18	27	19	21.3
Max 名次下降	22	33	31	28.7
Min 名次变动	2	1	0	1.0
Max 波动幅度	40	60	50	50.0
Ave 波动幅度	12.4	15.0	12.2	13.2

4.结果分析

以上统计分析结果表明,浙江省 5 所高职重点校在学生体质健康标准测试的自测及格率与优良率等方面均优于全省和全国高职院校平均水平,但在浙江省高校 2015—2017 年学生体质健康现场抽测中,与全省高职平均水平总体相当,在优良率方面低于全省平均水平 15.2%,平均排名居中,3 年中及格率与优良率排名波动均较大,平均波幅为 12.0% 和 13.2%,反映出目前省高职重点校在学生体质健康水平上缺乏领先性和稳定性。引起此结果的主要因素可能在于以下几个方面。

（1）学校规模与组织管理难度

目前浙江省 5 所高职重点校学校平均规模普遍较大（详见表 3-26）,各院（系）、专业（班级）学生体质健康水平离散性较大,师生比例较大,多校区分散,组织管理难度相对较大。

表 3-26　浙江省高职重点校规模与师生比情况比较

指　　标	在校生均数（人）	体育教师数量（人）	师生比例
浙江省高职重点校	13266	20.6	1：644
浙江省高职院校	10326	15	1：688
全国高职院校	7066	13.6	1：520

注:体育教师数量为体育专任教师数×100%＋体育校内兼课教师数×50%＋校外兼课教师数×30%。

（2）重视程度不足与缺乏体育发展规划

问卷调查与访谈调研结果表明,目前浙江省高职重点校普遍缺乏学校体育工作整体发展规划和创新行动计划,只注重专业的贡献性、攻坚性和标志性,而不够重视公共体育的公共性、绿色性和基础性,学校体育工作（含学生体质健康促进工作）基础保障水平不高,没有很好地实现与学校教育事业同步发展,详见表 3-27。

表 3-27　浙江省高职重点校体育工作基础保障情况

指　标	体育场馆 基本满足率（%）	工作量补偿 "同工同酬"执行率（%）	体质达标 小于 50 分不毕业执行率（%）
保障程度	60	80	60

（3）偏重学科技能学习，忽视自主性、经常性体育锻炼

省高职重点校办学规范，社会活动丰富，在人才培养方面十分注重学科技能的教学和实训，学生将主要精力投入在专业深化、学科技能强化、肢体形象美化和就业能力强化上。在体育锻炼中，部分学生还表现出"怕苦、怕累、怕流汗、怕太阳"，因长期缺乏有效的体育锻炼，学生出现"硬、软、笨"（即关节硬、肌肉软、动作笨拙不协调）的情况，身体素质水平自然低下。

（4）体育课程结构中注重运动技术教学

以体育选修课为教学模式的课程设置与结构，是目前高校体育课的主流模式，教师"教"和学生"学"较多地以运动项目的技术教学为主，缺少必要的体能训练，用于身体素质，尤其是耐力类项目的锻炼时长没有达到 30%，鉴于对运动安全事故的防范，运动强度、密度和持续时间普遍较低，未能较好地刺激肌群呈现超量恢复。同时，3 个学期的体育必修课学制，也导致学生在第一或第四学期没有体育必修课的情况下缺失自我锻炼，体质健康水平自然也不能得到有效提升。

（5）缺乏学生体质健康干预与促进保障机制的"撬动"

调研结果表明，40% 的省高职重点校还没有落实"大三学生体质达标小于 50 分不能毕业"的制度，同时大多数学校将学生体质健康标准测试成绩与学生综合测评挂钩，为测试而测试，导致出现体质测试仅满足于完成老师布置的测试任务和"及格万岁"的测试出发点和归宿。

（6）教学实习与顶岗实习因素的影响

根据高职院校人才培养和教学计划的安排，专业学生不同程度、不同时长地参加教学实习和顶岗实习，没能接受学校有组织的体育教学活动，因此，普遍缺失自我锻炼的意识和基本锻炼能力，这也是导致学生体质健康水平不高的因素之一。

5.对策与建议

（1）主动作为，切实加强学生体质促进工作

浙江省高职重点校体育教育工作者，尤其是体育部门主要负责人应积极树立"有谓（想法、工作思路）才有为（行动计划），有为才有位（职业尊重、资源配置），有位更可为（创新计划、职业发展），有为方可谓（特色、品牌、示范引领）"的体育本位意识，以对学校体育事业的敬仰、教师职业的敬畏和管理服务岗位的敬业态度对待学校体育事业的发展，以对学生健康素质高度负责的精神，摒弃"等要靠"懈怠式工

作方式,借助省高职重点校建设之契机,主动谋取学校对学生体质健康的促进工作,以实际工作绩效彰显省高职重点校体育工作建设新成果。

(2)研制学生提高体质健康测试成效的"杠杆撬动"机制

以学生评奖评优、综合测评和"大三学生体质达标小于50分不能毕业"制度的落实为手段,制定"课内外一体化"的体育综合测评实施制度,如《〈浙江金融职业学院体育综合测评实施细则〉实施方案》,具体示例如下:

①正常参加体育必修课者

本学年参加两个学期体育必修课者测评公式:

$$体育综合测评分 = \left[\frac{第一学期体育课成绩+第二学期体育课成绩}{2} \times 60\% + 健康标准成绩 \times 40\%\right] \times 10\% \pm 奖(惩)得分$$

本学年参加一个学期体育必修课者测评公式:

$$体育综合测评分 = \left[\frac{一个学期体育必修课成绩+一个学期课外体育锻炼考勤得分}{2} \times 60\% + 健康标准成绩 \times 40\%\right] \times 10\% \pm 奖(惩)得分$$

本学年两个学期均未参加体育必修课者测评公式:

$$体育综合测评分 = \left[\frac{两个学期课外体育锻炼考勤得分合计}{2} \times 60\% + 健康标准成绩 \times 40\%\right] \times 10\% \pm 奖(惩)得分$$

②参加特殊体育教学俱乐部(必修课类型)者

一为本学年两个学期都参加特殊体育教学俱乐部者。

正常参加国家学生体质健康标准测试者测评公式:

$$体育综合测评分 = \left[\frac{第一学期特殊体育课成绩+第二学期特殊体育课成绩}{2} \times 60\% + 健康标准成绩 \times 40\%\right] \times 10\% \pm 奖(惩)得分$$

免于参加国家学生体质健康标准测试者测评公式:

$$体育综合测评分 = \left[\frac{第一学期特殊体育课成绩+第二学期特殊体育课成绩}{2} \times 100\%\right] \times 10\% \pm 奖(惩)得分$$

二为单学期参加特殊体育教学俱乐部者。

正常参加国家学生体质健康标准测试者测评公式:

$$体育综合测评分 = \left[\frac{一学期特殊体育课成绩+一学期普通体育课或课外体育锻炼考勤成绩}{2} \times 60\% + 健康标准成绩 \times 40\%\right] \times 10\% \pm 奖(惩)得分$$

免于参加国家学生体质健康标准测试者测评公式:

体育综合测评分

$$=\left[\frac{特殊体育课成绩＋普通体育课或课外体育锻炼考勤成绩}{2}\times100\%\right]\times10\%\pm奖（惩）得分$$

（3）强化学校运动干预与促进机制，切实落实阳光体育活动

通过体育课堂"课课练"、早晚锻炼制度、体育俱乐部活动制度和丰富多彩的群体竞赛活动，有计划、有组织地安排学生"走下网络、走出宿舍、走向操场"，"文明其精神，野蛮其体魄"，以"每天锻炼一小时"为工作目标和任务驱动，尤其是体育教师要主动联系分院（系），实施课余群体活动辅导，提升体育课堂身体素质练习强度和密度，促进学生体质健康水平有效提升。

（4）建立学校全过程组织、全方位落实的"联动机制"

影响目前学生体质健康水平的因素是多元化的，单靠体育教学部门或体育教师或班主任，都无法呈现显性的促进成效，单靠学生自觉主动至少在现阶段时机尚未成熟，通过学校全过程组织、全方位落实"联动机制"的建立，提升学生体质全员重视、全过程关注、全方位促进，方可取得一定的成效。

（5）加强体质健康教育与宣传，激发学生参与体育锻炼主动性

"运动为体育之最要者。今之学者多不好运动，其原因盖有四焉：一则无自觉心也。一事之见于行为也，必先动其喜为此事之情，尤必先有对于此事明白周详知其所以然之智。明白周详知所以然者，即自觉心也。"通过体质健康宣传教育工作，提高学生对体育锻炼重要意义的认识，增强其体育健身的意识，由"要我锻炼"转化为"我要锻炼"，克服自身的惰性，培养对某项体育活动的兴趣，养成经常锻炼身体的良好习惯。只有把体育锻炼作为日常生活中不可缺少的一部分，才能获得愉悦的情感体验，达到理想的锻炼效果；只有调动其主观能动性，方能取得真正的实效。

第四章
《高等学校体育工作基本标准》研究

由于我国高等学校体育工作在办学规模化、类型多元化、地域多样化和工作水平差异化等方面的不均衡、不协调发展,教育部于 2014 年 6 月出台了《高等学校体育工作基本标准》,其目的在于落实立德树人根本任务,加强高等学校体育工作,全面提升高等学校体育整体教学质量,提高高校学生体质健康水平,促进学生全面发展。

第一节　体育工作基本标准的历史沿革

《高等学校体育工作基本标准》是教育部继出台《中小学体育工作暂行规定》《高等学校体育工作暂行规定》和《义务教育体育与健康课程标准(2011 年版)》后,对学校体育工作协同发展、均衡发展方面做出的制度化设计。出台这项制度的主要背景,是全国高等学校体育课程建设、学生参加体育锻炼情况、提升科研水平、改善相关条件等方面虽取得了明显进展,但仍存在由于缺乏必要的基本制度、基本标准和明确要求,区域之间、学校之间体育工作水平差距较大的现象,影响了高等学校体育工作均衡、协调可持续发展,尤其是大学生体质健康水平下降趋势还没有从根本上得到扭转。

因此,《高等学校体育工作基本标准》实施的主要目的在于:一是推动高校把学校体育工作列入学校的发展规划,充分发挥学校体育的立德树人功能;二是保证高校体育课时,推进教育教学改革,丰富课程项目、内容,提高教学质量;三是保障学校体育课外活动时间,加强校内外体育社团建设,解决校园体育文化、社会服务功能单一问题;四是扭转当前大学生的身体素质还没有根本改善的局面,健全学校的评价体系建设,使学生的体质健康水平成为全面衡量学生发展和学校体育工作的重要指标;五是解决场地设施等基础建设薄弱,学校体育办学条件亟待改善,教师队伍素质有待提高等现实问题。

第二节　高等学校体育工作水平的基本状况

为全面贯彻浙江省人民政府办公厅《关于强化学校体育促进学生身心健康全面发展的实施意见》(浙政办发〔2017〕95 号)和浙江省教育工委、教育厅《关于在全省教育系统开展"大学习大调研大抓落实"行动的通知》(浙教工委〔2018〕8 号)等文件精神和要求,切实落实浙江省高校体育工作调研制度、督查制度、报告制度和大学习、大调研工作,浙江省教育厅、浙江省大学生体育协会于 2018 年 3 月 31 日发布了《关于开展浙江省高校〈高等学校体育工作基本标准〉自查自评工作的通知》(浙大体协〔2018〕23 号),共对全省 106 所高等学校(其中本科 37 所、高职高专院校 47 所、独立学院 22 所)开展了以《高等学校体育工作基本标准》(以下简称《基本标准》)为核心内容的自查自评与体育工作常态数据采集工作。《基本标准》自查自评指标体系依据浙江省教育厅体卫艺处 2015 年 5 月委托省内部分体育专家研制的《浙江省高校〈体育工作基本标准〉督查指标体系与评分办法》,通过对浙江省高等学校体育工作基本状况的调研,从局部透析全国高等学校体育工作标准贯彻落实的基本概貌。

一、调研对象

本次调研时间为 2018 年 4 月 1 日—25 日,主要以"网研"形式进行,主要调研对象为各高等学校体育部(室)主任,所有《〈基本标准〉自查自评表》均通过所在学校审定并盖章。《〈基本标准〉自查自评表》内容完全按照《基本标准》中"高等学校体育工作规划与发展,体育课程设置与实施,课外体育活动与竞赛,学生体质监测与评价,基础能力建设与保障"等 5 个方面来设计评价指标和体系。各高校目前体育工作基本状态数据采集指标,主要依据《基本标准》中明确规定的显性标准和目前常态数值型指标进行设计。

本次调研共收到 99 所高校的《〈基本标准〉自查自评表》和体育工作基本状态数据采集表,在提交的 99 所高校中,实际有效调研对象为 92 所,下文主要以浙江省 92 所高校的有效调研表为主要统计分析对象,详见表 4-1。

表 4-1　浙江省高校《基本标准》调研样本统计表

学校类型	学校总数(个)	有效数(个)	有效率(%)
本科院校	37	31	83.8
独立院校	22	18	81.8

续　表

学校类型	学校总数(个)	有效数(个)	有效率(%)
高职高专	47	43	91.5
总数	106	92	86.8

二、调研结果与分析

1.《基本标准》调研结果(见表4-2)

表4-2　浙江省高校《基本标准》自查自评基本情况统计分析表

学校类型	均数	标准差	标准误	均数的95%置信区间		自评最低分	自评最高分
				下限	上限		
本科院校	90.6	9.3	1.7	87.2	94.0	60	100
独立院校	84.0	8.7	2.1	79.6	88.3	68	96
高职高专	83.8	8.0	1.2	81.3	86.2	67	96

2.《基本标准》调研结果分析

全省目前共有106所高等学校,提交《〈基本标准〉自查自评表》的院校总体有效率为86.8%,其中,高职高专院校最高,为91.5%;本科院校次之,为83.8%;独立学院最低,为81.8%。

全省高校目前贯彻落实《基本标准》总体水平为良好,平均自查自评分为86.1分(自评等级标准为:优秀≥90分,良好76—89分,合格60—75分,不合格<60分)。落实《基本标准》情况较好的为本科院校,总体水平为优秀,平均得分为90.6分;独立学院与高职高专院校基本相当,总体处于良好水平。

同一类院校中贯彻落实《基本标准》程度也存在一定的不均衡状态,本专科院校间的最高分与最低分之间存在30%—40%的差距,反映出本省高校在贯彻落实《基本标准》方面存在不充分、不平衡的状况。

在落实《基本标准》方面,有待于进一步加强改进和提升的主要方面见表4-3。

表4-3　浙江省高校《基本标准》调研指标平均数低于良好等级指标一览表

评价指标(序号)	观测点内容	院校类型	自评达到率(%)
3.2	体育教学部门独立设置为二级教学部门,行使体委秘书处职能	高职高专	0.60
5.3	体育必修课授课班级学生人数原则上不超过30人	高职高专	0.47

评价指标(序号)	观测点内容	院校类型	自评达到率(%)
5.4	为特殊学生开设体育保健课和体能训练课等	高职高专	0.62
5.5	为高年级学生开设体育选修课,为没有安排体育必修课年级安排体质测试课	高职高专	0.73
		独立学院	0.75
6.1	体育必修课、选修课总门数达到 15 门	独立学院	0.71
		高职高专	0.73
7.1	教学创新活动具有吸引力、特色性和实效性	独立学院	0.75
7.2	校级体育教学团队、科研团队建设	本科	0.72
		独立学院	0.56
		高职高专	0.63
7.3	教学与科研成果	独立学院	0.66
7.4	体育教学质量与效果	本科	0.73
		独立学院	0.61
		高职高专	0.66
8.3	组织学生每周至少参加 3 次课外体育锻炼	独立学院	0.71
8.4	切实保证学生每天 1 小时体育活动时间	独立学院	0.74
11.1	学校成立不少于 20 个学生体育社团	独立学院	0.71
		高职高专	0.61
12.2	承办各级各类体育比赛和社会体育服务	独立学院	0.74
14.2	毕业时,学生测试成绩达不到 50 分者按结业处理	高职高专	0.71
16.1	近 3 年全校平均合格率≥90%	高职高专	0.62
16.2	近 3 年全校毕业班平均合格率≥95%	高职高专	0.51
16.3	与上级有关部门现场抽测符合率>85%	高职高专	0.74
20.1	将群体工作纳入教师工作量,保证体育教师与其他学科(专业)教师"同工同酬"	独立学院	0.75

3.全省高校体育工作常态(见表 4-4 至表 4-8)

表 4-4 浙江省高校规模与体育教师总数情况

指 标	学校类型	均数	均数的 95％置信区间		极小值	极大值
			下限	上限		
在校生人数(人)	本科	15800	12433.1	19166	2500	53673
	独立院校	7829	6784.0	8875	4848	13087
	高职高专	8003	6892.6	9112.7	885	22375
体育教师数量(人)	本科	28	24.03	32.74	7	67
	独立院校	16	12.67	19.51	9	38
	高职高专	14	12.5	15.96	5	35

注:体育教师总数＝体育专任教师数×100％＋体育校内兼课教师数×50％＋校外兼课教师数×30％。

表 4-5 浙江省高校体育课程设置情况

指 标	学校类型	均数	均数的 95％置信区间		极小值	极大值
			下限	上限		
体育必修课数量(门)	本科	19	15.8	22.7	5	54
	独立院校	13	10.8	14.8	3	21
	高职高专	11	8.7	12.5	1	30
体育选修课数量(门)	本科	9	5.5	12.3	0	36
	独立院校	4	1.7	6	0	15
	高职高专	4	3	5.4	0	17

表 4-6 浙江省高校校园群体活动开展情况

指 标	学校类型	均数	均数的 95％置信区间		极小值	极大值
			下限	上限		
年度传统性体育竞赛(项)	本科	12	9.3	15.6	1	40
	独立院校	11	7.7	13.7	1	24
	高职高专	8	6	9.1	2	27
体育类社团(个)	本科	20	18	22.6	3	30
	独立院校	16	13.2	17.9	6	21
	高职高专	16	14	17.2	3	25

表 4-7　浙江省高校年度体育经费保障情况

指　　标	学校类型	均数	均数的 95％置信区间		极小值	极大值
			下限	上限		
年体育维持费（万元）	本科	116.5	55.5	177.5	15	926.7
	独立院校	33.4	23.5	43.2	0	67
	高职高专	39.5	32.3	46.7	2.32	114.22
年体育发展经费（万元）	本科	588.5	124.2	1301.3	0	10800
	独立院校	46.3	7.2	85.4	0	280
	高职高专	145.5	33	323.9	1	3811

注：年体育维持费是指学校 2017 年拨付用于体育课教学、群体竞赛、运动队竞训与比赛以及体质健康测试等日常体育工作运行、维护保养经费(不含教师课时费)。

年体育发展经费指学校 2017 年用于购置体育固定资产(单价 1000 元以上)、场馆设施新建与改建以及体育专项建设的经费。

表 4-8　浙江省高校学生体质健康达标情况

指　　标	学校类型	均数	均数的 95％置信区间		极小值	极大值
			下限	上限		
学生体测及格率(％)	本科	89.1	82.2	96.0	60.0	99.8
	独立院校	89.7	85.3	94.0	65.3	96.0
	高职高专	87.3	84.5	90.0	56.9	97.6
学生体测优良率(％)	本科	29.1	22.2	36.1	7.1	90.4
	独立院校	20.4	15.2	25.5	2.0	46.2
	高职高专	15.3	11.7	18.9	3.0	70.0

4.全省高校体育工作基本情况调研结果分析

浙江省高校体育教师平均生师比为 527.2：1,本科、独立学院和高职高专院校生师比分别为 564.3：1、489.3：1 和 753.1：1。可见高职高专院校体育教师工作负载量最大,独立学院体育教师工作负载量最小,同时,同一类型不同学校间具有较明显的显著性、差异性。

浙江省高校目前平均体育课开设节数达到 20 节(体育必修课＋体育选修课),但同一类型学校间有较明显的差异性,反映出浙江省高校体育课程类型具有多样化和不平衡特征。

浙江省高校平均每校每年举办 10 项校内传统性体育竞赛活动,但同一类型学校间具有较明显的差异性。作为校内群体性活动主要载体的体育社团组织平均每校 17 个,离《基本标准》每校 20 个的要求尚存在 15％的差距,同一类型不同学校间同样存在较明显的差异。

处于全国经济发达省份的浙江省高校,年度体育经费保障总体有力,发展后劲很足,平均年体育经费达 323.2 万元,其中年度体育维持费校均 63.1 万元,年度体育发展经费 260.1 万元,但不同类型学校、同一类型不同学校间仍存在着较显著的差异。

浙江省高校在学生体质健康水平促进方面总体优良,平均合格率达到 88.7％,平均优良等级率达到 21.6％,高职高专院校的优良等级率明显低于本科院校、独立学院,这与高职院校仅大三一个年级为高年级学生且毕业实习离校期长有一定关系。

5.基本结论与对策建议

通过对浙江省高校贯彻落实《基本标准》自查自评调研与常态数据采集结果的分析,得出以下结论:

第一,浙江省高校在贯彻落实《高等学校体育工作基本标准》方面总体呈良好水平,但不同类型学校之间、同一类型不同学校之间仍存在着不平衡状态。

第二,浙江省高校年均体育经费保障总体有力,但不同类型学校之间、同一类型不同学校之间仍存在着不平衡状态。

第三,浙江省高校体育工作在丰富体育课程、开展校内传统性群体活动和促进体质健康方面整体水平较高,但在建设校级体育教学团队、科研团队,提升体育教学质量与效果,发展学生体育社团等 18 个指标上尚未达到良好等级,需要进一步加强。

通过对浙江省高校《基本标准》自查自评调研与常态数据采集调研结果的分析,笔者在此提供以下建议:

第一,浙江省高校体育工作目前需要重点破解发展不平衡问题,需要"整体分析、分类督查、个体解剖、补齐短板"。

第二,加大力度,开展以提升体育质量和师资教科研能力为重点的专项扶植工作。

第三,开展为期三年的《基本标准》督查诊断指导,实行对优良等级学校抽查,对良好以下学校普查的分类督查方案,以"帮困结对、精准补短"理念,推进浙江省高校体育工作整体水平又好又快地发展。

以《浙江省高等学校五年创新发展规划》为契机,找准问题和短板,精选路径和载体,加大政府支持力度,以创新发展项目为抓手,凝心聚力,同心同行,共同为践行浙江省高校强生战略做出积极贡献。

第三节 高等职业院校体育工作水平的基本状况

一、全国高职院校体育工作水平基本情况

1.调研对象

2014 年 4 月—6 月,中国大学生体育协会职业教育学校体育工作委员会(以下简称"中国职教体协")对所有会员单位开展了 2013—2014 学年全国高职院校体育工作常态信息数据采集工作,共收到来自北京市、天津市、浙江省、内蒙古自治区、广西壮族自治区等 15 个省区市的 73 所高职院校(其中民办院校 8 所)的有效报告,这次调研就是以 73 所高职院校有效样本作为主要研究对象。

2.调研结果与分析

(1)体育师资配备(见表 4-9)

表 4-9 全国高职院校体育师资配备情况

指 标	校均数
全日制在校学生总数(人)	7066
体育教师总数(人)	13.6
在职专任体育教师数(人)	11.3
师生比	1:520
高级职称比例(%)	30.9
博士学历比例(%)	0.2
硕士学历比例(%)	30.9
一级及以上裁判员(人次)	8.4
其中:国际级	0.1
国家级	1.2

调研结果分析表明,全国约 22% 的高职院校达到万人规模,兼职体育教师比例约占体育教师总数的 17%,硕士及以上学历占 31.1%。取得国家一级及以上运动竞赛裁判员资格校均 8.4 人次,其中国际级校均 0.1 人次,国家级校均 1.2 人次,国家一级校均 7.1 人次。

《基本标准》要求专科院校至少开足开齐 3 学期体育必修课,每节体育课学生人数原则上不超过 30 人,专任体育老师每周承担 12 学时必修课为基本工作量,外聘及"双肩挑"教师占 1/4。若以此来核算,在校生规模 7066 人的高职院校,至少

需要配备专任体育教师 14.7 人,不足率至少达到 23%。若以江苏省高职院校体育教师生师比原则上控制在 320：1 以内的标准计算,全国高职院校平均生师比超标 62.5%。

目前高职院校体育教师中高级职称比例达到了教育部高职高专院校"十一五"期间师资队伍建设的总体目标,即"高级职称教师占专任教师总数的比例不低于 20%,青年教师中硕士学位以上教师的比例达到 30%",但低于 2009 年全国普通高校高级职称占 38%、硕士及以上学历占 47% 的平均水平。

进一步分析表明,公办高职院校体育教师配备情况好于民办院校,民办院校校均生师比达到 563：1,高出公办院校 8.3%,民办院校平均每所学校专任体育教师 6.7 人,低于公办院校 40.7%。

专任体育教师是学校体育工作最主要的人力资源保障,在学校招生规模扩张的同时,多数院校体育教师数量并没有得到同步增长,而是多采取缩短体育必修课学期数、扩大体育授课班班级人数、外聘本科院校体育教师兼课、加大体育教师工作负载量等方式"缓冲"体育师资不足与实际教学需要的矛盾。

(2)体育场馆设施配备(见表 4-10)

表 4-10　全国高职院校体育场馆设施配备情况

指　　标	校均数
校园体育场馆总面积(m²)	33103.6
室内面积(m²)	4567
室外面积(m²)	28536.6

调研结果分析表明,我国高职院校折合体育场馆生均总面积为 4.68m²,其中室外生均 4.04m²,室内生均 0.64m²。从场馆类型和结构来看,平均每所学校拥有 1 个田径场、1 个足球场,1/3 学校没有室内风雨操场(体育馆),1/2 学校不具备室内羽毛球场地条件,2/3 学校没有游泳馆(池),近 1/2 学校建设了拓展基地或健身路径。

以《普通高等学校体育场馆设施配备目录》要求的在校生万人以下规模的高校室外场地设施生均面积 4.7m²、室内生均面积 0.3m² 核算,目前高职院校校均室外生均面积不足率为 14%。进一步分析表明,民办院校室外场地设施生均面积超过标准的 16%,但室内场馆面积仅达到室内基本配备标准的 25%。在体育场馆校均室外面积"不达标"的同时,在体育设施配备上 3/4 学校没有达到 1 个游泳池的必配类基本配备标准,1/3 高职院校未能达到 1 个风雨操场的必配类基本配备标准,近 1/2 学校没有具备室内羽毛球选配类基本配备条件,3/4 以上民办院校没有室内综合性风雨操场(体育馆)。

体育场馆设施配备是学校体育工作的重要物质保障,我国高职院校绝大部分由中专升格而来,新校区多建于高教园区,办学之初其校园规划和论证多按照《普通高等学校建筑规划面积指标》《普通高等学校体育场馆设施配备目录》进行标准化建设,尤其是体育场馆室内面积,但在招生规模大发展时期,学校将基础建设重点投于学生宿舍、教学楼、实训楼等项目,运动场馆设施的建设落后于学校教育事业的发展。

（3）体育经费（见表4-11）

表 4-11　全国高职院校体育经费情况

指　标	校均数
年度生均体育维持费（元）	32.5
年均体育运动竞赛费（万元）	18
校内传统性体育竞赛项目数（个）	66

调研结果表明,若以现有的高职生均拨款多在 4000—8000 元之间的平均数6000 元为参照,相当于当地省财政生均拨款的 0.5%,其中 55.4% 的经费主要用于运动竞赛,而用于大多数学生的体育教学经费、校园阳光体育经费不足 45%。

体育经费是开展学校体育工作的主要资金保障。在体育经费投入方面,高职院校普遍存在投入总经费不足,数额基本固定,大多没有与学校教育事业经费同步增长。此外,高职院校体育教学部门中超过 2/5 的尚属科级建制,在体育经费的独立科目设置与经费使用权限及审批流程等方面直接制约着体育经费的使用效率。民办院校生均体育维持费 26.6 元,低于公办院校生均维持费的 18%。

（4）体育课程建设（见表4-12）

表 4-12 全国高职院校体育课程情况

指　标	校均数
专任教师平均周课时数（节）	16
体育必修课开设数量（门）	8.5
体育必修课开设学期数（学期）	2.8
体育选修课开设数量（门）	4.9

调研结果表明,目前全国高职院校体育必修课校均开设 2.8 学期,开设 1 至 5学期的分别占 1.4%、41.1%、34.2%、21.9% 和 1.4%,执行《基本标准》规定体育必修课设置不少于 108 学时（3 学期）的院校仅为 57.5%。体育课开设门数（含必修课、选修课）共 13.4 门,与《基本标准》"开设不少于 15 门的体育项目"的要求相比,达标率为 89.3%。民办院校 3/4 以上学校仅开设 2 学期体育必修课,平均开设

体育项目 10.7 门,低于《基本标准》要求的 28.7%,低于公办院校的 20%。

体育课程是学校体育工作的核心组成部分,也是传授体育知识、技术技能,增强学生体质,培养体育素养,健全人格的教育保障。目前高职院校中近一半院校体育课课时数没有达到《基本标准》的要求,再加上学生锻炼意识不强、体育场馆资源不能保障活动需要等因素,高职院校学生尤其是毕业生,要达到《基本标准》中"毕业年级学生测试成绩及格率须达 95% 以上"的要求,存在一定难度。

(5)体育教师工作负载量(见表 4-13)

表 4-13 全国高职院校体育教师工作负载量情况

指　标	校均数
在职专任体育教师数(人)	11.3
专任教师平均周课时数(节)	16
体育必修课开设数量(门)	8.5
体育选修课开设数量(门)	4.9
学校体育社团数(个)	8.8
学校运动队数(个)	11.5
校内传统性体育竞赛项目数(个)	6.1

调研结果表明,目前全国高职院校平均每位体育专任教师每周需要承担 16 节体育必修课、0.43 节选修课、指导 0.78 个体育类社团(俱乐部)工作,每学年负责 0.5 项校级传统性运动竞赛、1 个校级运动队训练以及平均至少 520 名学生的 8 项身体素质、2 项身体形态和 1 项身体机能的体质健康标准测试及补测工作,就每周体育课授课、社团指导和运动队训练(以每周 2 节计),平均每位体育教师每周工作负载量为 19.2 节,超出一般院校基本工作量(每周 12 节)的 60%。民办院校体育教师的工作负载量则更大,平均每周 18.3 节必修课、1.5 个体育类社团、0.87 项校级体育类传统竞赛活动组织裁判工作,超出一般院校基本工作量 82% 以上。

体育教师工作负载量是反映学校体育工作发展创新性和可持续发展性的主要因素之一,数量配备不足、工作面广、在校生人数多是引起体育教师工作负载量高的主要原因。

3.调研结论与对策建议

(1)调研结论

全国高职院校体育师资平均配备不足,工作负载量大,体育教师职称和学历结构比例落后于其他学科平均水平,室内体育场馆配备好于室外,校均室外生均面积不足,民办室内场馆面积严重不足。至少 1/3 学校在体育场馆设施配备上没有"达标"。生均体育维持费主要用于运动竞赛,且经费投入不足,普遍没有与学校教育事业发展同步增长。高职院校满足《基本标准》体育总课时要求的院校数不足 6 成,体育课开设门数距离《基本标准》要求尚差 1 成,全国高职院校体育工作基础保障不够理想,尤其是民办院校。

(2)对策和建议

积极构建课内外相结合、线上(网络教学)线下有机融合的校园体育生态,促进学校体育和谐发展。通过适当增加体育专任教师,适度招聘体育专业毕业生担任辅导员,配足配强体育教师,有效缓解体育教师数量严重不足和工作负载量过大的现实问题,同时建立和健全体育教师职称评定、学术评价、岗位聘任和学习进修等制度,不断优化体育师资结构,提升教育质量和水平。确保一、二年级体育必修课教学计划课时数达到 108 学时,开足开齐体育课,增设体育项目,按标准设置体育授课班人数,努力提高学校体育课程建设与保障水平。积极筹集基础建设经费,重点建设室外体育场馆,按标准配齐配足基础配备类设施和内容,逐步改善与提高选配类项目和标准。适度增加阳光体育活动经费,实现与学校教育事业发展同步增长。民办高职院校应多渠道筹集教育资金,更加注重师资队伍数量与质量、课程体系和室内体育场馆设施等建设工作。

二、浙江省高职院校体育工作的基本现状

1.调研对象

截至 2013 年底,浙江省共有高等院校 84 所,其中独立建制的高职院校 45 所,占浙江省高等院校总数的 53.6%。通过对浙江省 20 所(其中民办院校 4 所)以及全国 73 所高职院校(其中民办院校 8 所)2013 年度体育工作现状的基础性调研、统计分析和比较,得到一个整体情况。

2.调研结果与分析

(1)整体情况(见表 4-14)

表 4-14　浙江省与全国高职院校体育工作状况及其比较

指　标	浙江省	全国	比值
全日制在校学生总数(人)	10326	7066	1.5
体育教师总数(人)	15	13.6	1.1
在职专任体育教师数(人)	11.5	11.3	1.0
师生比	1∶579	1∶520	1.1
高级职称比例(%)	30.3	30.9	1.0

续　表

指　标	浙江省	全国	比值
博士学历比例(%)	0.6	0.2	3.0
硕士学历比例(%)	47.3	30.9	1.5
专任教师平均周课时数(节)	15	16	0.9
体育必修课开设数量(门)	11.5	8.5	1.4
体育必修课开设学期数(学期)	2.8	2.8	1.0
体育选修课开设数量(门)	5.3	4.9	1.1
学校体育社团数(个)	12.6	8.8	1.4
校园体育场馆总面积(m²)	39937.2	33103.6	1.2
其中:室内面积(m²)	6229.4	4567	1.4
室外面积(m²)	33707.8	28536.6	1.2
年度生均体育维持费(元)	34.6	32.5	1.1
年均体育运动竞赛费(万元)	14.6	18	0.8
校内传统性体育竞赛项目数(个)	6.7	6.1	1.1

浙江省高职院校体育工作基础保障水平与全国高职院校平均水平基本相当。在专任体育教师硕士和博士学历比例、体育必修课开设门数、体育社团数、体育场馆总面积等方面均高出全国平均水平20%以上,同时浙江省高职院校平均学生规模数是全国高职院校平均数的1.5倍。

体育师资不足,工作负载量大。自高等教育大众化以来,在各高职院校招生规模逐年快速扩大的同时,体育师资、体育场馆和体育经费都没有与学校教育事业经费同步增长。目前全省高职院校校均体育教师数15人,其中专任教师占76.7%,体育教育生师比平均为688∶1,体育专任教师平均承担每周15学时必修课、0.5门选修课教学工作,1个运动队训练,1.1个体育类社团(俱乐部)指导工作以及负责0.6项校内传统性体育竞赛项目的组织工作。

体育场馆设施建设滞后于学校教育事业同步发展水平,主要体现在室外体育场馆的建设发展保障方面。全省高职院校生均体育场馆总面积3.9m²,其中室内生均面积0.6m²,室外生均面积3.3m²,生均场馆总面积和生均室外面积分别低于全国高职院校和高校配备标准,详见图4-1。

体育课程设置基本合理,但开设年限与学时数在全省高职院校中呈现不均衡发展态势。目前全省高职院校体育课开设门数平均约17门(含选修课),一、二年级平均开设体育必修课学期数为2.8学期,低于《全国普通高等学校体育课程教学指导纲要》所要求4学期的30%,开设体育必修课学期数分别为4学期、3学期和2

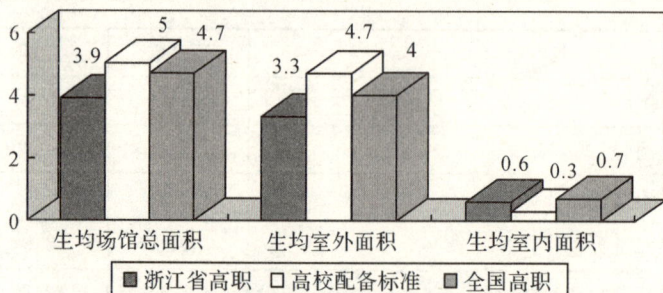

图 4-1 浙江省高职院校体育场馆设施配备情况及其比较

学期的院校数基本呈现各占 1/3 的态势，非示范和骨干院校（尤其是民办院校）体育课程设置普遍为 2 学期。体育课程教学模式普遍采取体育选修课单一模式，注重学生体育兴趣和运动技术技能的培养。

体育经费不足。目前全省高职院校校均年度体育维持费每学生 34.6 元，不足财政生均拨款的 0.5％，相当于杭州市本科院校的 55％，详见表 4-15。

表 4-15 浙江省高职院校与杭州市本科院校体育生均经费比较

指　标	浙江省高职院校	杭州市本科院校	比值
年度生均体育维持费（元）	34.6	62.5	0.55
年均体育运动竞赛费（万元）	14.6	33.9	0.43

学校保障体育工作开展的组织机构、运作机制及保障机制尚未完全建立或健全。高职院校体育工作体系主要由两方面组成：人才培养、体育教学及其成绩管理工作分属教务处；群体活动、竞赛、学生体质健康标准测试工作分属学校体育运动委员会，体委秘书处一般设在体育教研室。调研表明，在浙江省高职院校中，体育教学部门作为学校完全独立二级教学部门的院校不到 1/5，多隶属于社科部（或基础部）的教研室建制，而且在担任社科部（或基础部）主任或副主任职务者中体育教师占不到 1/2。从而引起整个学校体育工作规划、协调统筹、整体部署、经费争取与使用等方面困难的连锁反应，工作职责、安全责任完全落在体育教学部门，但它们又与工作的组织权、统筹权、经费支配权等相分离，这制约了高职院校体育工作的全面、高效和有序开展。

3. 与《基本标准》的比照及其归因分析

《基本标准》明确提出了有关高校体育工作基础保障和发展要求的若干刚性标准，现将全省高职院校体育工作调研结果（均数）与其进行比照，结果详见表 4-16。

表 4-16　浙江省高职院校体育保障水平与《基本标准》若干要求的比较

指　标	浙江省高职院校	《基本标准》	比值
体育必修课学时总数（节）	100	108	0.9
每节体育课人数（人）	50	30	1.7
体育课项目数（个）	16.8	15	1.1
体育课频度（节/周）	2	2	1.0
心肺功能锻炼内容占比（%）	10	30	0.3
体育场馆室外生均面积（m²）	3.3	4.7	0.7
体育场馆室内生均面积（m²）	0.6	0.3	2.0
参与运动会学生人数占比（%）	15	50	0.3
学生体育类社团数（个）	12.6	20	0.6
体质健康标准合格率（%）	90	95	0.9

　　以上比较结果表明，全省高职院校在体育课心肺功能锻炼内容安排占比、每年参与校级传统运动会学生参与率、学生体育类社团组织数、体育场馆室外生均面积、体育必修课学生总数以及毕业班体质健康标准合格率等方面均低于《基本标准》的要求，而造成以上"落差"的主要原因在于以下几个方面：

　　第一，学校对体育工作的重视程度以及体育教育工作者的积极作为程度是关键原因。重视体育工作的学校，多将学校体育事业发展列入学校整体发展规划，出台健全的体育管理制度，建立统筹协作和保障机制，在落实体育教学计划和课外体育锻炼计划、体育教学部门二级建制、工作量补贴计酬、体育师资、体育经费以及体育场馆建设等方面给予有效保障。作为履行学校体育具体工作职能的体育教育工作者，尤其是体育教学部门主要负责人及其团队的作为也是关键因素。"无谓则无为，有为才有位，有位更可为"，只有体育管理和教学团队坚持把学校体育发展战略和"一切为了学生健康，为了一切学生健康，为了学生一切健康"理念放在重要位置，才能积极作为，产生实效。

　　第二，学校体育工作组织体系不健全，体育教学部门多为科室建制，统筹管理权限过低是主要原因。学校体育工作缺乏整体规范和核心牵头力量，学校体育工作由校领导分管，且一般多担任体委主任，但学校体育工作的策划动议和具体执行职能部门为体育教学部门。全省高职院校大多是体育教研室科室建制以及配置，这结果必然导致教研室主任成为忙于日常体育工作正常开展的"队长"，而不是谋划学校体育事业发展的"参谋长"。学校发展规划中缺失体育发展部分、运动会学生参与面不广、学生体育类社团组织不力等多与体育部门的服务管理权限以及"话语权""统筹权"有直接关系。

第三,学校跨越式发展进程中诸多基础保障条件滞后于发展的实际需要是重要原因。高职院校多于 20 世纪 90 年代末期由中专合并或独立升格而来,多在高教园区新建校园,在新校区整体建设规划、办学水平评估时曾多参照《普通高等学校建筑规划面积指标》《普通高等学校基本办学条件指标(试行)》等规范要求进行建设,但随着 21 世纪初我国高等教育进入"大众化"阶段,全省高职院校学生规模平均扩张了近 4 倍,学校忙于新建学生宿舍和教室,体育场馆建设进度就明显滞缓,体育师资有新增,但增长不足 1 倍。结果导致体育课开设不足 4 学期,同时每节体育课学生班级人数不断扩容,体育教师授课负载量加大,同时指导课余群体时间减少,每周教学单元内体育授课饱和度大,同时学生课余锻炼场地使用机会减少,体育场馆设施生均面积减少,同时学生体质健康标准与课余体育锻炼参与率制约越来越强。

第四,以体育兴趣养成教育为主导的体育选修课教学模式是心肺功能锻炼内容占比过低的内在原因。目前高职院校与本科院校在教学模式上都以体育选修课为主流模式,以运动项目为载体,以运动技术为核心,以终身体育锻炼习惯和能力培养为目标,体育选修课教学大纲中专项运动知识、技术和技能的学习课时一般达到 60% 以上,身体素质占 20%(其中耐力项目 10%),考核占 10%,机动占 10%。同时,调研结果表明,高职院校学生参与体育选课的直接动因分别排序为:①轻松项目;②室内项目;③没有选过(或学习过)的新项目/体育教师有魅力项目;④考试容易通过项目。真正从体育兴趣进行选课,并将大学体育选修课技能习得转化为终身体育锻炼项目的比例并不高。

4. 提升浙江高职体育工作保障水平的对策分析

加强学校体育工作组织和制度保障。建立并健全学生体育工作组织体系,实施高职院校体育教学部门独立建制,完善体育教学部门组织建制和人员配备,落实专职人员负责教学和体质测试管理具体工作。完善每学期召开一次体育工作会议的工作制度,至少一次专题研究学校体育工作整体或阶段性发展规划,把学校体育工作列入学校的发展规划和素质教育内容,建立并健全《学校阶段性体育工作发展规划》《学生阳光体育活动方案》《学生体质健康促进计划》《校园体育活动安全防范与应急处置预案》等保障制度。

合理优化校园体育生态,加强体育师资和场馆设施保障能力。学校体育工作涉及师生教与学、体育场馆教学训练与课余活动的"时空差",体育教学计划、体育师资与场馆资源、校园群体竞赛以及学生体质健康促进等具体工作。"体育工作生态链"的整体统筹协调需要学校层面进行科学计划,体育师资配备不足,长期高负荷地承担体育必修课、选修课、运动队训练与竞赛、学生体质测试以及体育类社团指导等工作,教师的工作积极性、创新性和可持续性必然受到影响。

确保必修课体育课时,合理调整选修课教学大纲和授课方式,加强教学质量保障。体育课程是传授体育知识、技术技能,增强学生体质,提升体育素养,健全完善人格的主要载体。确保一、二年级体育必修课至少 108 学时,每周 2 节体育课,每节体育课保证一定的运动强度(其中提高学生心肺功能的锻炼内容不少于 30%,耐力素质锻炼项目作为考试内容的权重不少于 30%),唯有这样,体育课教学提质增效才能得到基础保障。合理增加运动负荷,对有效促进学生体质健康亦具有十分积极的作用。

建立健全校园体育运动安全保障机制,为体育教师教学工作合理减轻负荷,为学生体质健康训练提供安全保障。多年来,校园运动安全事故频发,引起了人们对学校体育安全性的担忧,领导担心出事,体育教师恐担责。加强学校体育活动的安全教育、伤害预防和风险管理,建立健全校园体育活动意外伤害保险制度是目前各高职院校迫切需要开展的主要工作之一。

加大体育经费投入并保障体育教师工作量合理计酬,为学校体育工作提供发展性保障。切实落实学校体育工作经费纳入学校经费预算,并与学校教育事业经费同步增长。真正落实将体育教学、课外体育活动、课余训练竞赛和实施《国家学生体质健康标准》等工作纳入教师工作量,并与其他学科(专业)教师工作量的计算标准一致,实行同工同酬。

三、浙江省高职重点校体育工作的基本现状

2016 年 9 月,浙江省教育厅、财政厅启动了高职院校实施优质暨重点校建设计划,并于 2017 年 6 月公布了浙江省高职优质暨重点校建设名单,金华职业技术学院、浙江机电职业技术学院、浙江金融职业学院、宁波职业技术学院和温州职业技术学院等 5 所高职院校入围浙江省高职重点校。优质暨重点校建设是推进全省高职院校新一轮改革创新的主要建设项目,旨在提升全省高职教育办学水平和综合竞争力,力争让若干所高职院校跻身全国先进行列,成为全国高水平"双一流"特色高职院校。学校体育工作作为学校基础教育和素质教育的主要载体和育人路径,如何利用入围省高职重点校建设计划之契机,有效促进学校体育工作,积极打造与学校省高职重点校建设工作相匹配的体育工作水平,正是高职重点校体育教育工作者亟须探讨的主题。笔者采用问卷调查法、访谈法、数理统计和文献资料等研究方法,在调研浙江省 5 所高职重点校目前体育工作常态的基础上,就体育工作基本标准执行力、体育团队核心力、体育工作创新力和体育事业发展力等方面进行探讨和分析。

1. 调研对象

以《高等学校体育工作基本标准》(教体艺〔2014〕4 号)为依据,以高职院校体育工

作中课程设置、体质健康达标、体育类社团(俱乐部)等基本环节为核心内容,于2018年1月分别对浙江省5所高职重点校体育部门主要负责人进行了问卷调查。

2.调研结果与分析

(1)体育师资与机构设置情况

调研结果表明,目前浙江省5所高职重点校在学校规模、体育教学部门二级设置(含合署办公)和体育教学团队数量绝对值上均大于全省和全国高职院校均数,体育师资高级职称比例高于全省和全国高职院校23.5%左右,但体育教师生师比分别高于全省和全国高职院校的11.2%和23.8%,反映出省高职重点校体育教师体育工作负载量较大的现实。详见表4-17。

表4-17 浙江省高职重点校体育师资与机构设置情况比较

指标	在校生均数(人)	二级机构设置率(%)	体育教师数量(%)	高级职称比例(%)
浙江省高职重点校	13266	80	20.6	42.1
浙江省高职院校	10326	40	15	30.3
全国高职院校	7066	38	13.6	30.9

注:体育教师数量为体育专任教师数×100%+体育校内兼课教师数×50%+校外兼课教师数×30%。

(2)体育课程学制情况

调研结果表明,目前浙江省5所高职重点校在体育课程开设总量方面整体优于浙江省和全国高职院校平均水平,开设门数达标率为146.7%,但与《高等学校体育工作基本标准》比较,开设学制达标率也仅80%,仍有1所学校开设学制没有达标,详见表4-18。

表4-18 浙江省高职重点校体育课程情况比较

指标	体育必修课开设数量(门)	体育选修课开设数量(门)	体育课开设总量(门)	体育必修课学制达标率(%)
浙江省高职重点校	12.4	4.8	17.2	80
浙江省高职院校	11.5	5.3	17.0	56
全国高职院校	8.5	4.9	13.4	37

注:体育必修课学制达标率指达到《高等学校体育工作基本标准》基本要求的比例。

(3)体育工作开展情况

调研结果表明,目前浙江省5所高职重点校在年均校体育工作专题会议、学生体育社团数量、年度体育竞赛项目数和生均体育维持费等方面均优于浙江省和全国高职院校平均水平,年均校体育工作专题会和生均体育维持费满足学校体育工作基本开展需要,但体育社团数量与《高等学校体育工作基本标准》比较,达标率仅80%,详见表4-19。

表4-19 浙江省高职重点校体育工作开展情况比较

指　标	年均校体育工作专题会议(次)	学生体育社团数量(个)	年度体育竞赛项目数(个)	生均体育维持费(元)
浙江省高职重点校	1.4	16	12	43.6
浙江省高职院校	0.8	12.6	6.7	34.6
全国高职院校	0.6	8.8	6.1	32.5

(4)学生体质健康达标情况

调研结果表明,目前浙江省5所高职重点校在国家学生体质健康标准测试的场地与专门管理员配备、自测及格率与优良率等方面均优于浙江省和全国高职院校平均水平。但在浙江省高校2015—2017年学生体质健康现场抽测中,与全省高职平均水平总体相当,平均排名居中,在优良等级率方面低于全省平均水平15.2%,3年中及格率与优良率排名波动较大,平均波幅为12%和13.2%,详见表4-20至表4-24。这反映出目前省高职重点校在学生体质健康水平上缺乏领先性和稳定性。

表4-20 浙江省高职重点校学生体质健康达标自测情况比较

指　标	独立体质测试中心设置率(%)	体质专门管理员设置率(%)	及格率(%)	优良率(%)
浙江省高职重点校	100	100	90.8	18.7
浙江省高职院校	75	85	90.0	11.2
全国高职院校	70	83	78.5	7.8

表4-21 浙江省高职重点校2015—2017年体质健康现场抽测成绩比较

指　标	及格率(%)	优良率(%)	均数得分	50米跑	坐位体前屈	立定跳远	1000米跑(男)/800米跑(女)	引体向上(男)/仰卧起坐(女)
浙江省高职重点校均数	80.2	9.5	68.0	75.0	74.7	71.3	70.3	39.5
浙江省高职院校均数	80.3	11.2	68.1	76.1	74.1	71.1	69.8	40.0

表 4-22　浙江省高职重点校 2015—2017 年体质健康现场抽测情况与排名比较

指　　标	及格率		优良率	
	比例	排名	比例	排名
浙江省高职重点校均数	80.2	23.5	9.5	21.9
浙江省高职院校均数	80.3	22.0	11.2	22.2

表 4-23　浙江省高职重点校体质健康现场抽测及格率排名波动情况统计分析

指　　标	2015—2016 年排名差	2016—2017 年排名差	2015—2017 年排名差	排名差均数
Max 名次提升	10	20	14	14.7
Max 名次下降	14	27	22	21.0
Min 名次变动	5	6	3	4.7
Max 波动幅度	24	47	36	35.7
Ave 波动幅度	8	17	11	12.0

表 4-24　浙江省高职重点校体质抽测优良率排名波动情况统计分析

指　　标	2015—2016 年排名差	2016—2017 年排名差	2015—2017 年排名差	排名差均数
Max 名次提升	18	27	19	21.3
Max 名次下降	22	33	31	28.7
Min 名次变动	2	1	0	1.0
Max 波动幅度	40	60	50	50.0
Ave 波动幅度	12.4	15.0	12.2	13.2

（5）体育工作基础保障情况（见表 4-25）

表 4-25　浙江省高职重点校体育工作基础保障情况

指标	群体工作量纳入补偿率（%）	工作量补偿"同工同酬"执行率（%）	落实体质达标<50 分不毕业执行率（%）	体育经费基本满足率（%）	体育场馆基本满足率（%）
保障程度	100	80	60	100	60

3.调研结论与对策和建议

(1)调研结论

浙江省5所高职重点校在贯彻落实《普通高等学校体育工作基本标准》方面整体优于全省和全国高职院校平均水平,但在执行毕业班学生体质测试成绩达不到50分者按结业处理的规定方面仍有40%的差距,在体育必修课开设不少于108学时和体育社团数达到20个这两方面仍有20%的差距。

浙江省5所高职重点校在体育政策制度、体育维持费、群体工作量补偿和"同工同酬"等基础保障条件方面整体优于全省和全国高职院校平均水平,但在体育场馆满足体育教育事业发展基本需要、体育师资配备与学校教育事业同步发展等方面有待于进一步改善。

浙江省5所高职重点校学生体质健康标准及格率、优良率自测成绩均优于浙江省和全国高职院校平均水平,但在全省近三年学生体质健康现场抽测结果中,整体排名不高,而且其间整体波动较大,5所重点校之间离散性也较大,反映出各重点校在学生体质健康标准的贯彻落实方面全面性、充分性和齐整性不够,学校内部各分院(系)、专业(班级)之间学生体质健康水平离散性较大,需要重点研究,尽快补齐制约省高职重点校体育工作发展和示范引领中的这一核心短板。

问卷调查与访谈调研结果表明,目前制约浙江省高职重点校创新发展的主要因素在于:

①缺少学校体育工作整体发展规划和创新行动计划,注重专业的贡献性、攻坚性和标志性,而不够重视公共体育的公共性、绿色性和基础性;

②体育工作创新驱动力不足,"有为有位"效应彰显不强,较多存在"自我边缘化"职业价值取向和"等要靠"行为取向;

③体育工作示范引领意识不够,校园体育工作特色、品牌培育成果不多;

④体育工作内部管理制度不够健全,运动机制不够顺畅,组织管理模式不够规范有序。

(2)对策和建议

各高职重点校体育工作基础、组织管理机制和运行模式虽不尽相同,但在规章制度、群体竞赛、体育科学研究、课程标准与课程资源开发、体育统编教材编撰等方面具有共性的合作机会,通过构建"浙江省高职重点校体育工作联盟",构建"互联互访、互合互促"工作平台,每年组织一次教研室主任级别以上的工作研讨会(会议形式,轮值制),分设体育教学组、运动竞训组、体质管理组、教科研组、课标与教材建设组等工作小组,定期开展公开调研和交流活动(轮值制),设立省高职重点校公共性精品体育赛事,开展合作性课题和合作性成果,出台《浙江省高职重点校体育工作发展报告》等阶段性发展目标来组织、激励省高职重点校体育工作的创新驱动和示范引领工作。

目前全省高职重点校体育部门普遍存在教学机构设置不够到位、管理人员职位配备不齐、体育师资人数不够、体育工作管理力量不足等实际情况,要在积极争取学校人事资源支持的同时,积极优化体育部门内部运行机制,在日常教研室建制与运行常态下,科学构建"网格化"内部协同管理服务体系,形成全员管理、全员服务的可持续发展局面,克服目前在体育教育工作者队伍中较为普遍存在的对公共性体育事务"不闻事、不要事、不管事"的工作懈怠现象。

"网格化"内部协同管理服务体系的主要核心理念是"人人有岗位、人人有职务、人人有职责、人人有考核、人人有绩效"(见图4-2、表4-26),将全体教师参与"网格化"内部协同管理服务绩效纳入学期、年度基础考核和绩效考核指标体系。

高职重点校建设主要围绕"强化特色、培育优势"的要求,以深入开展育人模式创新,加强优势特色专业和高素质人才队伍建设,增强人才培养质量和技术创新服务能力为重点的建设目标。

高职重点校体育工作特色品牌建设必须顺应建设目标导向,全力打造以立德树人育人为根本,体育项目为载体,体育教学为手段的具有院校特色的"一校一品""一校多品"体育工作特色项目,从运动项目出精品、课程创新出典品、体育文化出靓品、阳光体育出果品、课堂教学出名品、课程资源出贡品、教育路径出效品、实训场所出范品等方面精心培育,助推学校体育工作达到与省高职重点校相匹配的标准和水平。

充分争取各级各类继续教育培训机会,积极参与省高职重点校建设任务中的高职教育"三名工程"项目,大力提升教师业务技能、实践教学、信息技术应用和教学研究能力,提高"双师双能"体育教师比例。积极利用各级各类教师全员培训、新招聘教师入职培养、青年教师助讲和教师定期实践等制度,培养一批体育学术水平较高、业务能力较强、师德高尚、有一定行业影响力的体育学科带头人、骨干教师和教学名师。

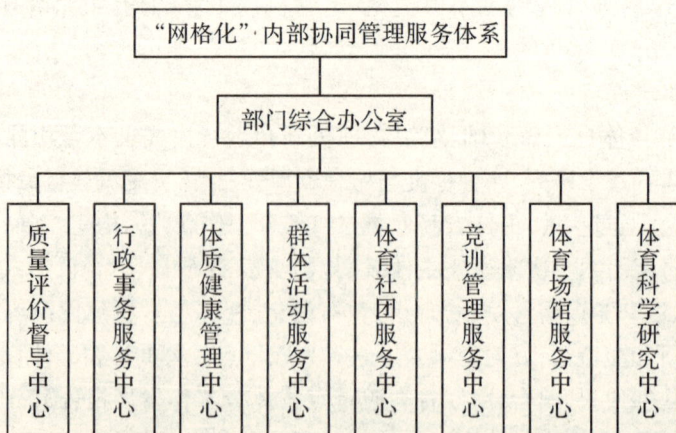

图4-2 "网格化"内部协同管理服务体系

表 4-26 "网格化"内部协同管理服务体系示意

内容	质量评价督导中心	行政事务服务中心	体质健康管理中心	群体活动服务中心	体育社团服务中心	竞训管理服务中心	体育场馆服务中心	体育科学研究中心
教师 1	★							
教师 2		☆						☆
教师 3			★					
教师 4				☆				★
教师 5					★			
教师 6						☆		
……							★	

注:★——中心主任,☆——中心成员。

第四节　体育工作基本标准的督查与评价

　　学校体育工作制度、评价制度、督查制度和公示制度是学校体育工作绩效的基本保障机制，根据《教育部关于印发〈高等学校体育工作基本标准〉的通知》（教体艺〔2014〕4号）的精神和要求，"教育部将适时组织开展面向所有高校的《基本标准》达标工作专项评估、检查，凡不达标的学校，将予以通报并限期整改，整改期间高水平运动队建设学校停止招收运动队新生"，为切实落实《基本标准》工作，浙江省教育厅体卫艺处曾于2015年8月组织省内部分专家研制《基本标准》的督查与评价体系（注：主要由笔者负责起草和执行），见表4-27至表4-31。根据此指标体系，分别组织开展了杭州市高校和全省高校《基本标准》的督查与评价工作，有力推进了浙江省高校体育工作的协同发展。

一、浙江省高校《基本标准》督查与评价指标体系

（一）体育工作规划和发展

表4-27　浙江省高校《基本标准》督查与评价指标体系之体育工作规划和发展

主要观测点	评价内容	分值	备注
1.学校教育方针与培养目标（3分）	学校体育工作在学校发展和人才培养中的地位	1	自查学校专业人才培养方案等相关资料
	坚持"四育融合"	1	
	确保学生在校期间学会至少两项终身受益的体育锻炼项目	1	
2.学校体育发展规划与阳光体育活动计划（2分）	学校《"十三五"教育事业发展规划》和年度工作计划	1	自查学校发展规划
	学校校园阳光体育活动实施方案	1	自查相关文件
3.组织机构与工作机制（2分）	学校成立体育运动委员会，每年至少召开一次体育工作专题会议	1	自查文件与会议纪要
	体育教学部门独立设置为二级教学部门，行使体委秘书处职能	1	自查学校机构调整通知
4.工作制度与评价机制（3分）	制定学校体育改革发展、教育教学、教研科研、竞赛活动、社会服务文件及其建立与健全情况	1	自查相关文件资料
	学校体育管理制度建立与健全情况	1	
	建立科学规范的学校体育工作评价机制，并纳入人才培养质量体系	1	自查综合测评实施文件等相关文件

（二）体育课程设置和建设

表 4-28   浙江省高校《基本标准》督查与评价指标体系之体育课程设置和建设

主要观测点	评价内容	分值	备注
5.体育课程设置、体育课学时、周课时与体育班人数（14分）	本科院校教学周开齐开足 4 个学期体育必修课/专科院校至少教学周开齐开足 3 个学期体育必修课	6	学期不足的减 5 分；教学周数不足的每学期减 0.5 分/周
	体育必修课按照学校正常教学作息时间每周 2 学时体育课	2	自查学校作息时间表和教学大纲，不满足要求的减 2 分
	体育必修课授课班级学生人数原则上不超过 30 人	2	自查学校的相关文件及课表，以每周总课时除以授课班级总数的平均人数进行评定
	为特殊学生开设体育保健课和体能训练课等	2	开设体育保健课 1 分；其他类型课 1 分
	为高年级学生开设体育选修课，为没有安排体育必修课年级安排体质测试课	2	开设 4 门以上得 1 分；安排体质测试课每学年不少于 8 学时/班得 1 分
6.体育课项目数与内容安排（6分）	体育必修课、选修课总门数达到 15 门	4	不足 1 门减 1 分。自查教学大纲和课表
	每节体育课反映心肺功能的锻炼内容不得少于 30％	1	自查教学大纲教学进度计划和授课计划（教案）
	心肺功能素质锻炼项目作为体育素质考试内容，考试分数的权重不得少于 30％	1	自查教学大纲

续　表

主要观测点	评价内容	分值	备注
7.教育教学方式创新与效果(10分)	教学创新活动具有吸引力、特色性和实效性	2	0.5分/项,自查资料
	校级体育教学团队、科研团队	2	各1分,自查文件
	教学与科研 (相应等级折算办法:不计参与,只计主持;省部级、厅局级分别可折算成4.2个校级,权威期刊、核心刊物分别可折算4.2篇公开刊物,著作类参照论文级别进行折算)	2	1.课题立项1分(以近两年内,体育部门获校级及以上教科研课题计算,每项基本分为0.25分,相应等级折算办法见左侧说明) 2.科研论文1分:按专任体育教师近两年内每年人均发表1篇公开刊物论文或主持1个校级课题或主持横向课题(经费1万元/个)得1分,平均每少0.1篇减0.25分
	体育教学质量与效果 (注:校级一等奖及以上2分,校级二等奖1分;获得国家级精品资源共享课程立项2分,省级1.5分,校级1分)	4	近两年内出现严重教学事故减4分;专任体育教师生(学)评教平均90分得2分,每减1分扣0.5分;近两年内体育课程获教学成果奖、精品资源共享课程建设立项得2分

(三)课外体育活动和竞赛

表4-29　浙江省高校《基本标准》督查与评价指标体系之课外体育活动和竞赛

主要观测点	评价内容	分值	备注
8.活动计划、制度与机制(8分)	课外体育活动纳入学校教学计划,有制度、有机制、有保障	2	自查相关资料
	课外体育活动面向全体学生	2	自查相关资料
	组织学生每周至少参加3次课外体育锻炼	2	自查相关资料
	切实保证学生每天1小时体育活动时间	2	自查相关资料
9.群体性运动竞赛与参与率(7分)	每年校级传统性综合运动竞赛	2	1分/项
	每年举办校内单项体育竞赛	2	0.5分/项
	每年参加校级体育竞赛及活动(含体育艺术节等)人次超过在校学生数的50%	3	自查活动计划,每减10%扣1分。

续　表

主要观测点	评价内容	分值	备注
10. 骨干培养与校外竞赛（4分）	培养和发挥体育特长生和学生体育骨干作用	1	学生裁判培训、运动会组织、志愿者等
	组织校运动代表队并参加各级各类体育比赛	3	近两年平均每年参加5项比赛得3分，每减少1项扣1分
11. 体育社团与体育文化宣传（5分）	学校成立不少于20个学生体育社团	3	每少1个减0.5分
	校园体育宣传与文化展示	2	校报、校网、橱窗等
12. 社会实践与社会服务（2分）	支持体育教师参加裁判等社会实践活动	0.5	平均每年2人次0.5分
	承办各级各类体育比赛和社会体育服务	1.5	近两年，每项0.5分

（四）学生体质健康监测与评价

表 4-30　浙江省高校《基本标准》督查与评价指标体系之学生体质健康监测和评价

主要观测点	评价内容	分值	备注
13. 学生体质测试条件与工作机制（4分）	学校成立学生体质健康测试中心，有专门人员负责	1	自查近三年资料和公布平台
	有体质测试固定场所，测试器材满足测试需求	1	
	按学年定期完成测试和上报	1	自查相关配置与完成情况
	实施学校学生体质测试年度报告，公布测试总体成绩	1	自查近三年上报统计
14. 学生体质测试制度建设与管理（4分）	测试成绩列入学生档案，作为对学生评优、评先的重要依据	2	自查近三年相关资料、文件
	毕业时，学生测试成绩达不到50分者按结业处理	2	自查相关资料、文件
15. 体质健康状况研判与干预促进（4分）	有年度（学年）学校学生体质健康标准测试结果分析报告	2	自查近三年相关资料
	制定针对性的干预措施并付诸实施	2	自查近三年相关资料
16. 体质测试达标率与真实性（6分）	近三年全校平均合格率≥90%	2	每降低1%减0.5分
	近三年全校毕业班平均合格率≥95%	2	每降低1%减0.5分
	与上级有关部门现场抽测符合率>85%	2	≥85%得2分，低于85%的减6分；没有抽测的，记2分

(五)基础建设能力和保障

表 4-31　浙江省高校《基本标准》督查与评价指标体系之基础建设能力和保障

主要观测点	评价内容	分值	备注
17. 体育经费与安全保障(6分)	学校体育工作经费纳入学校经费预算,并与学校教育事业经费同步增长	2	自查学校年度体育经费下拨计划
	每年体育维持费达到 35 元/生(民办院校 30 元/生)	2	每不足 2 元/生减 0.5 分
	建立健全校园体育活动意外伤害保险制度与安全防范预案	2	自查相关文件资料
18. 体育场馆配备与服务(2分)	室外场地设施面积达到生均 4.7m²、室内生均 0.3m²	1	每减少 0.1m² 减 0.25 分。不同校区分别计算;室内面积多出标准部分可以折算 3 倍室外面积
	体育设施内容达到必配类和选配类要求	1	每减少 1 项减 0.5 分
19. 师资配备与培养制度(6分)	体育教师配备数满足正常教学、运动训练、课外体育活动实际需要	2	以开足开齐体育必修课为基准,以专任体育教师平均每周必修课授课不超过 16 节为基准,满足要求得 2 分,每超过 1 节减 0.5 分
	本科院校体育专任教师中硕士及以上学历者≥50%;专科院校≥45%	2	每减少 1% 减 0.25 分
	学校每年确保专任体育教师进修、培训率达到 1 次/两年·人	2	自查相关文件资料
20. 体育教师工作量计酬与激励制度(2分)	将体育教学、课外体育活动、课余训练竞赛和实施《国家学生体质健康标准》等工作纳入教师工作量,保证体育教师与其他学科(专业)教师工作量的计算标准一致,实行同工同酬	1	自查相关文件资料
	建立健全体育教师职称评定、学术评价、岗位聘任等制度	1	自查相关文件资料

注:1.自评等级标准为:优秀≥90 分,良好 76—89 分,合格 60—75 分,不合格<60 分。

2.以上评价办法中除具体说明外,均为当前状态或本年度情况。

3.生师比=全日制在校本专科学生总数÷体育教师总数。

4.体育教师总数=专任教师数+聘请校外教师数×0.3+校内兼职教师数×0.5,体育部门内"双肩挑"教师以专任教师核算。

5.硕士及以上学历比例指已取得研究生学历教师加取得在职研究生攻读博(硕)士学位资格教师的总数占专任教师的比例。

6.体育维持费指主要用于学校日常体育教学、课余群体活动与竞赛、普通运动队训练与校外竞赛、学生体质健康标准测试等的日常运行经费,不含课时费、单件 1000 元以上体育设施设备固定资产经费、高水平运动队建设经费以及省市财政专项体育经费。

第五章
《学校体育工作条例》研究

《学校体育工作条例》是原国家教委继《学校体育工作暂行规定》《国家体育锻炼标准》《全日制十年制学校中学体育教学大纲(试行草案)》《中小学体育工作暂行规定》《中学生体育合格标准的试行办法》《高等学校体育工作暂行规定》后颁布的学校体育工作的纲领性和标准性制度,在我国学校体育事业发展中具有重要意义。

第一节 《学校体育工作条例》的历史沿革

20世纪90年代初,随着我国体育教育事业的"拨乱反正"、调整恢复阶段的基本完成,体育工作在学校教育中的作用日益得到重视,但我国学校体育工作还处于十分"弱化"的境地,体育基础设施和工作条件保障还较为落后,尤其是非城镇学校的体育工作现状不容乐观。为全面推进学校体育工作,在教育部、国家体委1979年10月5日发布的《高等学校体育工作暂行规定(试行草案)》和《中小学体育工作暂行规定(试行草案)》基础上,经国务院批准,国家教委、国家体委于1990年3月12日联合颁布了《学校体育工作条例》。其后,社会形势尤其是教育形势发生了变化,2012年国办发53号文件第8条提出修订的要求:"健全学校体育风险管理体系。研究制订学校安全条例,组织修订《学校体育工作条例》和《学校卫生工作条例》。"2017年3月1日,教育部根据《国务院关于修改和废止部分行政法规的决定》对《学校体育工作条例》进行了修正。

第二节 《学校体育工作条例》的主要内容

《学校体育工作条例》共分9章31条(详见附录),其中第一章为总则(制度出台背景与意义),第九章为附则(备注与说明),核心内容为第二章体育课教学,第三章课外体育活动,第四章课余体育训练与竞赛,第五章体育教师,第六章场地、器材、设备和经费,第七章组织机构和管理,第八章奖励与处罚。

《学校体育工作条例》进一步明确了学校体育工作的基本任务是增进学生身心健康、增强学生体质;使学生掌握体育基本知识,培养学生体育运动能力和习惯;提高学生运动技术水平,为国家培养体育后备人才;对学生进行品德教育,增强组织纪律性,培养学生勇敢、顽强的进取精神。普通高等学校的一、二年级必须开设体育课。普通高等学校对三年级以上学生开设体育选修课。

体育课是学生毕业、升学考试科目。学生因病残免修体育课或者免除体育课考试的,必须持医院证明,经学校体育教研室(组)审核同意,并报学校教务部门备案,记入学生健康档案。

学校应当在学生中认真推行《国家体育锻炼标准》的达标活动和等级运动员制度。学校应每学年至少举行一次以田径项目为主的全校性运动会。

学校应当在各级教育行政部门核定的教师编制总数内,按照教学计划中体育课课时数所占的比例和开展课余体育活动的师资需要配备体育教师。

对体育教师的职务聘任、工资待遇应当与其他任课教师同等对待。按照国家有关规定,有关部门应当妥善解决体育教师的工作服装和粮食定量问题。

体育教师组织课间操(早操)、课外体育活动和课余训练、体育竞赛应当计算工作量。

这些工作制度和要求,成为各级各类学校体育工作开展的重要制度依据和体育教师争取合法权益的主要砝码。

第三节 《学校体育工作条例》的督查与评价

为全面贯彻落实《学校体育工作条例》,促进学校加强体育基本建设、改善体育教学条件、强化体育课程教学管理,并不断深化体育教学改革,提高体育教学质量和效益,浙江省教育厅曾于 2006 年 7 月 21 日下发了《关于开展全省普通高校贯彻〈学校体育工作条例〉督查工作的通知》和《浙江省普通高校贯彻〈学校体育工作条例〉督查方案》(注:主要由笔者负责起草和执行)。此次督查,起始于 2005 年杭州市高校体育协会开展的杭州普通高校《学校体育工作条例》评估工作,这一专项活动开展后得到了省教育厅体育主管部门领导的充分肯定。在省教育厅体卫艺处的组织下,浙江省普通高校贯彻《学校体育工作条例》督查指标体系调研工作组于 2006 年 4 月成立,形成了督查工作方案、督查指标体系,并成立了督查工作领导小组(下设 6 个督查工作组),实地开展了督查工作。

一、目的和意义

了解《学校体育工作条例》等国家有关体育法规制度在全省高校的执行和落实情况,进一步加强对全省普通高校体育工作的宏观管理与指导,促使各高校进一步重视和支持体育工作,促进学校自觉地按照教育规律不断明确办学指导思想、改善体育教学条件、加强体育基础建设、强化体育课程教学管理,并不断深化体育教学改革,切实提高体育教学质量和效益,全面实施素质教育。

二、主要依据

督查工作以《学校体育工作条例》为主要依据,同时依照《中华人民共和国体育法》《全国普通高校体育课程教学指导纲要》《教育部、国家体育总局关于实施〈学生体质健康标准〉的通知》以及《教育部关于进一步加强高等学校体育工作的意见》等文件精神和要求,在相关指标设定上参照了《国家教委关于在普通高等学校中开展贯彻〈学校体育工作条例〉选优评估工作的通知》中"普通高等学校贯彻《学校体育工作条例》评估指标体系"的基本内容,采取分级评定的方法,设立 6 个一级指标、15 个二级指标,共 41 个观测点,在此基础上确定 32 个重要指标和 9 个一般指标(具体见表 5-1)。

表 5-1　浙江省普通高校贯彻《学校体育工作条例》督查指标等级标准

一级指标	二级指标	主要观测点	等级标准				备注
			A	B	C	D	
1 领 导 组 织 机 构 和 管 理	1.1 领 导 重 视 程 度	贯彻教育体育法规	积极贯彻国家有关体育法规,保证每天一小时体育活动制度,体育开课率达到100%	贯彻国家有关体育法规,基本保证每天一小时体育活动时间,开课率达到100%	贯彻国家有关体育法规,有学生体育活动时间的保证,开课率达到100%	没有安排学生体育活动时间,开课率不到100%	有学校实施文件、活动计划与保障制度
		将体育作为考核学校工作的一项基本内容	学校将体育列入学校教育、教学内容和工作计划,学校领导定期研究、检查体育工作,每学年至少召开三次学校体育工作会议	学校将体育列入学校教育、教学内容和工作计划,学校领导能研究、检查体育工作,每学年至少召开两次学校体育工作会议	学校将体育列入学校教育、教学内容和工作计划,学校领导能研究、检查体育工作,每学年至少召开一次学校体育工作会议	学校未将体育列入学校教育、教学内容和工作计划,每学年没有正常召开一次学校体育工作会议	学院教育教学计划、体育工作会议纪要

续　表

一级指标	二级指标	主要观测点	等级标准				备注
			A	B	C	D	
1 领导组织机构和管理	1.1 领导重视程度	学校对体育教师的待遇及有关政策	体育教师享受其他学科教师同等待遇,能完全落实课余体育工作和运动服装等劳保待遇	体育教师享受其他学科教师同等待遇,在课余体育工作和运动服装等劳保待遇方面有一定保障	体育教师能享受学校同类学科同等课时待遇,在课余体育工作和运动服装等劳保待遇方面有一定保障	体育教师不能享受同类学科教师课时待遇,没有落实国家有关体育教师劳保待遇等方面的规定和要求	佐证材料问卷调查
	1.2 组织机构和管理	体育教学部(系、室)	独立二级建制,机构完善、运行顺畅	直属建制,机构比较完善、运行较为顺畅	三级机构建制,能够正常运行	无建制、不能正常运行	佐证材料
		校、系体育工作组织和管理	学校设置体委和教学机构,有一名校领导分管体育工作;组织机构完善、有序、管理科学	学校设置体委和体育教学机构,有一名校领导分管体育工作;组织机构较为完善;组织管理可行、有效	学校设置体委和体育教学机构,有一名校领导分管体育工作;有组织机构但不够完善	学校没有设置体委和体育教学机构;至今没有分管体育工作的校领导;没有组织机构	体育运动委员会文件、体育工作组织结构图
		有关部门与体育管理部门的配合	学生处、团委、医院(医务室)等部门与体育部门分工协作、相互积极支持、配合密切、保障有力	学生处、团委、医院(医务室)等部门与体育部门有分工协作,能够积极支持和相互配合,有一定保障作用	学生处、团委、医院(医务室)等部门与体育部门有分工协作,能够予以支持和配合	没有分工协作,不提供支持和配合	自评报告佐证材料
		学生组织发挥的作用	积极发挥学生组织的作用,校园体育活动内容丰富、多样化,并成立较多的学生体育社团或俱乐部、协会	能积极发挥学生组织的作用,校园体育内容较丰富,已成立学生体育社团或俱乐部、协会	学生组织能发挥一定作用,校园体育有一定内容,已成立学生体育社团或俱乐部、协会	没有发挥学生在学校体育工作中的作用	佐证材料

续　表

一级指标	二级指标	主要观测点	等 级 标 准				备　注
			A	B	C	D	
2 基础建设	2.1 师资队伍建设情况	体育教师编配情况	体育教师能够充分保证一、二年级144学时体育教学基本任务(外聘及兼职教师不超过1/4);并能充分有效地确保课余体育工作的顺利开展	体育教师能够保证一、二年级144学时体育教学基本任务(外聘及兼职教师不超过1/4);并能有效地确保课余体育工作的开展	体育教师能够保证一、二年级144学时体育教学基本任务(外聘及兼职教师不超过1/4);并可以开展一定的课余体育工作	体育教师不能保证一、二年级144学时体育教学基本任务;外聘及兼职教师超过1/4;不能确保课余体育工作顺利开展的师资需要	提供近三年来体育专任教师学期授课工作量统计表等佐证材料
		教学辅助人员的配备	有专职和临时性工作人员,能够保证工作的正常开展	有专职和临时性工作人员,基本能够保证工作的正常开展	有专职或临时性工作人员,基本能保证工作正常开展	没有配置工作人员,正常工作常常受到严重影响	视体育场馆等情况由现场考察确定
		职称学历结构	高级职称教师占专任教师的比例≥30%;硕士比例≥20%	高级职称教师占专任教师的比例≥20%;硕士比例≥15%	高级职称教师占专任教师的比例≥10%;硕士比例≥10%	高级职称教师占专任教师的比例<10%;硕士比例<10%	高级讲师按0.5个高级职称计算
		师资培训	每年有30%以上的体育教师进行各类业务知识培训、进修	每年有20%以上的体育教师进行各类业务知识培训、进修	每年有10%以上的体育教师进行业务知识培训、进修	近三年来体育教师从未进行过业务培训、进修	佐证材料
	2.2 教学条件	体育经费	本科院校达到学校年初预算总经费的1.5%以上;高职高专生均维持费≥30元	本科院校达到学校年初预算总经费的1.2%;高职高专生均维持费≥24元	本科院校达到校年初预算总经费的1.0%;高职高专生均维持费≥20元	本科院校不足学校年初预算总经费的1.0%;高职高专生均维持费<20元	总经费中不包括基建经费;维持费中不含固定资产部分投入

续　表

一级指标	二级指标	主要观测点	等级标准				备注
			A	B	C	D	
2 基础建设	2.2 教学条件	体育场馆设施	体育设施齐全,拥有"馆池场";室外生均面积≥6.5㎡,室内≥0.5㎡;拥有固定体质健康标准测试室内场地;体育场馆设施能充分保证体育工作的需要	体育设施基本齐全,拥有"馆池场"中的至少两个;室外生均面积≥5.6㎡,室内≥0.4㎡;拥有固定体质健康标准测试室内场地;体育场馆设施能较好地保证体育工作的需要	有一定的体育设施,拥有"馆池场"中的至少一个;室外生均面积≥5.6㎡,室内≥0.3㎡;拥有固定体质健康标准测试室内场地;体育场馆设施能基本保证体育工作的需要	没有室内体育场所,生均运动场面积<4.7㎡,设施不齐全	以占地面积/全日制学生总数计算出生均面积;"馆"为体育馆或风雨操场、"池"为游泳池、"场"为标准塑胶400m田径场
		体育器材设备	体育器材设备能充分保证体育教学、运动训练和课余体育等活动正常开展,保证维修和消耗品经费	体育器材设备能保证体育教学、运动训练和课余体育活动的正常开展,保证一定的维修和消耗品经费	体育器材设备能基本保证体育教学、运动训练和课余体育活动的正常开展,有维修和消耗品经费	现有体育器材设备不能满足目前体育教学、运动训练和课余体育活动开展的实际需要	提供部门体育器材设备财产清单
		电化教学与声像资料	声像资料内容丰富、多样化;多媒体课件能确保教学实际工作的需要;有保证体育课教学需要的多媒体教室管理和运行机制	声像资料内容比较丰富和多样化;多媒体课件能较好满足教学实际工作的需要;有保证体育课教学需要的多媒体教室管理和运行机制	有声像资料;多媒体课件能基本保证教学实际工作的需要;有体育课教学需要的多媒体教室管理和运行机制	学校至今没有任何有关体育的声像资料,也从未进行过电化教育	佐证材料可供专家现场浏览实地考察

续　表

一级指标	二级指标	主要观测点	等级标准				备注
			A	B	C	D	
2 基础建设	2.2 教学条件	图书资料	万人规模以上学校生均拥有体育类图书0.5册（万人以下0.4册）；每年有体育图书采购经费保证；体育部门有独立体育图书资料室	万人规模以上学校生均拥有体育类图书0.4册（万人以下0.3册）；每年有一定体育图书采购经费保证；体育部门有独立的体育图书资料室	万人规模以上学校生均拥有体育类图书0.3册（万人以下0.2册）；每年有体育图书采购经费；体育部门有独立的体育图书资料室	万人规模以上学校生均拥有体育类图书不足0.3册（万人以下0.2册）；近三年没有体育图书采购经费	学校及部门体育类图书目录（电子版）；以全日制学生总数计
		计算机配备	计算机配备能充分确保学校体育教学、管理等工作的需要	计算机配备能较好地保证学校体育教学、管理等工作的需要	计算机配备能基本保证体育教学、管理等工作的需要	体育部门至今没有任何计算机设备	佐证材料实地考察
3 课程教学	3.1 课程设置	开设体育课的年级	一、二年级正常开设体育课；三年级以上开设体育选修课	一、二年级正常开设体育课；三年级已或曾开设体育选修课	一、二年级正常开设体育课	一、二年级没有正常开设体育课	学校学年（学期）教学计划
		体育课类型	设有包括体育保健课在内的多种体育课类型，课目丰富、适用	设有包括体育保健课在内的多种体育课类型，课目较丰富和适用	设有多种体育课类型，课目有适用性	只有一种固定的传统模式，近三年从未进行课程模式改革	教学大纲
	3.2 教学文件	教材	教材学生人手一册；采用经教育部教指委审定通过的教材；有较好的适用性	教材学生人手一册；采用经教育部教指委审定通过的教材；教材有一定的适用性	教材学生人手一册；采用审定期内（两年）的自编或参编教材；教材具有一定的校本特色	至今学生没有体育教材	佐证材料

续 表

一级指标	二级指标	主要观测点	等 级 标 准				备 注
			A	B	C	D	
3 课程教学	3.2 教学文件	教学文件	有完整的体育课教学大纲、学期授课计划、单元教学计划;有体育部门学期、学年教学工作总结	有较完整的体育课教学大纲、授课计划、单元教学计划;有体育部门学期(学年)教学工作总结	有体育课教学大纲、个人单元教学计划,并有体育部门学期(学年)教学工作总结	近三年没有体育课教学大纲;没有个人单元教学计划	佐证材料
	3.3 体育教学	体育基础理论课	保证每学期4学时授课时数;每学年进行体育理论考试;基础理论课内容丰富,具有针对性和实用性	保证每学期4学时授课时数;每学年进行体育理论考试;基础理论课内容比较丰富	有基础理论课授课计划与内容;保证每学期4学时授课时数;每学年进行体育理论考试	近三年没有按照要求进行体育理论课计划与教学,没有进行体育理论考试	佐证材料
		体育实践课	每周体育课不少于2学时;至少能体现学生自主选择体育科目要求;体育课教学质量较高	每周体育课不少于2学时;课目安排有利于学生体育兴趣培养;体育课教学质量较高	每周体育课按照学校体育教学计划进行,每周不少于2学时	没有按照国家有关规定进行体育实践课教学	现场看课佐证材料
		教学改革	教学改革有步骤、有落实、有成效	教学改革有措施、有落实	有教学改革措施	近三年内没有进行教学改革	佐证材料
	3.4 教学管理	师资队伍管理	学校和部门对师资培养有计划、有措施、效果明显	学校和部门对师资培养工作有计划、有措施、有落实	学校和部门有近期体育教师师资培养与发展计划	学校和部门至今没有师资队伍建设计划	佐证材料
		教学管理	教学管理规章制度健全;教师工作职责明确,相互配合;积极开展教研活动	教学管理规章制度较为健全;教师工作职责比较明确,能相互配合;能开展正常教研活动	有教学管理规章制度;教师工作有分工,能相互配合;能开展教研活动	没有相关体育教学的管理规章制度;不能开展正常的教研活动	佐证材料(含教研活动记录)

续　表

一级指标	二级指标	主要观测点	等　级　标　准				备　注
			A	B	C	D	
3 课程教学	3.4 教学管理	场馆设施与器材管理	有规范的体育场馆设施管理办法;管理工作职责明确、有序;使用效率高	有比较规范的体育场馆设施管理办法;管理工作职责较明确、有序;使用效率较高	有体育场馆设施管理办法;管理工作职责较明确;使用效率得到一定保证	没有体育场馆设施管理办法;管理工作混乱,不能保证场馆正常使用	佐证材料(含使用基本情况)
4 课外体育与训练	4.1 课外体育活动	课外体育锻炼组织	有学生早锻炼、课后锻炼的组织和管理;参与率有登记和统计;效果明显	有学生早锻炼、课后锻炼的组织和管理;参与率有登记或统计;效果比较明显	有学生早锻炼、课后锻炼的组织和管理;参与率有登记或统计;有效果	没有学生早锻炼、课后锻炼的组织和管理	佐证材料
		课外辅导与锻炼	课外锻炼有计划、有落实;措施得力、效果有保障	课外锻炼有计划、有落实;措施比较得力、效果有一定保障	课外锻炼有计划、有落实;有一定措施和效果保障	课外锻炼没有计划和落实	佐证材料
		群众性的竞赛活动	每年至少有一次全校性体育竞赛;学生全年竞赛活动内容丰富、形式多样;积极开展教职工全民健身活动	每年至少有一次全校性体育竞赛;学生全年竞赛活动内容较丰富多彩;能开展教职工全民健身活动	每年至少有一次全校性体育竞赛;学生全年有其他竞赛活动	没有每年举行一次全校性体育竞赛;全年没有其他竞赛活动内容和形式	比赛通知、活动计划、秩序册
	4.2 课余训练	代表队管理	有规范的运动队管理办法和激励机制;代表队管理有序;近三年没有违反体育道德风尚的运动队	有比较规范的运动队管理办法和激励机制;代表队管理比较正常有序;近三年没有违反体育道德风尚的运动队	有运动队管理办法和激励机制;能开展正常的代表队管理;近三年没有严重违反体育道德风尚的运动队	没有运动队管理办法和激励机制;近三年有严重违反体育道德风尚的运动队	佐证材料资料查询

续　表

一级指标	二级指标	主要观测点	等级标准				备注
			A	B	C	D	
4 课外体育与训练	4.2 课余训练	代表队训练与竞赛	代表队训练工作正常有序、训练质量较高;三年内至少参加省大学生各类体育比赛八项以上	代表队训练工作比较正常有序、训练质量较高;三年内至少参加省大学生各类体育比赛五项以上	代表队能正常开展训练工作、训练质量较高;三年内至少参加省大学生各类体育比赛三项以上	近三年内代表队没有开展正常训练工作;没有参加过省、市、区大学生各类体育比赛	佐证材料
5 体育工作效果	5.1 学生学习与锻炼效果	基本知识、技术、技能掌握情况	学生在掌握体育知识、技术、技能、情感、态度等方面都有明显的提高;学生体育课评价的及格率在95%及以上	学生在掌握体育知识、技术、技能、情感、态度等方面都有较明显的提高;学生体育课评价的及格率在 85% 及以上	学生在掌握体育知识、技术、技能、情感、态度等方面有一定的提高;学生体育课评价的及格率在75%及以上	学生在掌握体育知识、技术、技能等方面没有提高;学生体育课评价的及格率在 75% 以下	生评教资料、教学效果评价资料
		身体机能与身体素质	学生的体质健康状况在原有基础上得到提高,95%以上学生达到《国家学生体质健康标准》及格标准,有测试档案、统计分析和干预措施;上学年已报国家学生体质健康数据中心	学生的体质健康状况在原有基础上得到提高,92%以上学生达到《国家学生体质健康标准》及格标准,有测试档案、统计分析和干预措施;上学年已报国家学生体质健康数据中心	学生的体质健康状况在原有基础上得到提高,90%以上学生达到《国家学生体质健康标准》及格标准,有测试档案	至今没有进行《学生体质健康标准》测试,或虽有测试但没有成绩档案和统计分析	近三年《国家学生体质健康标准》成绩档案、统计分析表等

一级指标	二级指标	主要观测点	等级标准				备注
			A	B	C	D	
5 体育工作效果	5.2 教学研究与科研成果	教学研究成果	积极开展教学研究,近三年来至少有两项教学改革立项课题或教学改革研究成果;获得校级二等奖及以上教学成果奖一项	能开展教学研究,近三年来至少有一项教学改革立项课题,有教学改革研究成果或获得校级教学成果三等奖一项	能开展教学研究,近三年来至少有一项教学改革立项课题或教学改革研究成果	近三年来,没有任何有关体育教学的研究成果或课题	佐证材料
		科学研究成果	本科院校:专任教师体育科研论文平均发表 1.5 篇/人/年;至少有省部级及厅局级立项课题两项或校级研究成果奖两项 专科院校:专任教师体育科研论文平均发表1篇/人·年;至少有厅局级立项课题两项或校级研究成果奖一项	本科院校:专任教师体育科研论文平均发表1篇/人/年;至少有厅局级立项课题两项 专科院校:专任教师体育科研论文平均发表 0.5 篇/人·年;至少有厅局级立项课题一项	本科院校:专任教师体育科研论文平均发表1篇/人/年;至少有厅局级立项课题一项 专科院校:专任教师体育科研论文平均发表 0.5 篇/人·年;至少有校级立项课题一项	本科院校:迄今专任教师平均每年发表体育科研论文不足1篇。 专科院校:迄今专任教师平均每年发表科研论文不足0.5篇	近三年平均数;独立作者计1,两人、三人合作分别以6:4或5:3:2计算篇数;一级核心期刊计3篇、二级核心期刊计2篇
	5.3 运动竞赛与成绩	运动竞赛成绩	三年内至少获得省大学生各类体育比赛团体前六名三次以上;单项前三名以上六次	三年内至少获得省大学生各类体育比赛团体前八名两次以上;单项前六名以上三次	三年内至少获得省大学生各类体育比赛团体前八名一次;单项前八名以上一次	近三年来在各级各类体育比赛中没有获得过单项或团体名次	佐证材料

续　表

一级指标	二级指标	主要观测点	等级标准				备注
			A	B	C	D	
5 体育工作效果	5.3 运动竞赛与成绩	承办各级各类体育比赛	近三年来承办过省大学生体育比赛一次；承办各类比赛两次以上	近三年来承办过省大学生体育比赛一次；或承办各类比赛两次以上	近三年来承办过市区级大学生体育比赛一次；或承办各类比赛一次以上	—	佐证材料
6 创新亮点与特色	6.1 体育工作创新点与亮点	体育工作创新点	学校体育工作有创新点，并能产生积极效果	学校体育工作有创新点，并能产生良好效果	学校体育工作有创新点，并能产生一定效果	学校体育工作一直沿袭传统模式，没有进行过改革创新	佐证材料（含实验室、基地和精品课程建设、省级学科带头人、院级学科带头人等）
		体育工作亮点	亮点明显，在本校具有较高的公认性	亮点比较明显，在本校具有一定程度的公认性	有亮点，在本校有一定的认同感	体育工作没有形成亮点、缺乏公认性	
	6.2 体育工作特色	体育工作特色	特色明显，在同类学校中影响力较大	有特色，并在同类学校中具有一定的影响力	有一定特色，在同类学校中影响力一般	没有形成特色，在同类学校中没有形成影响力	

注：1.体育工作创新点是指在体育教学、训练、群体竞赛以及管理、服务等工作中做出的创造性工作，对传统模式的改革具有推陈出新、提高效益的历史贡献。

2.体育教学改革亮点是指体育课程教学从本学科特点出发所努力反映出来的课程改革基本理念，即以体育学科的特定性质和功能为依据反映课程教学的基本理念，应属于具体化了的课程理念。

3.体育特色是指学校在体育工作中积累沉淀形成的、本校特有的、优于其他学校的、独特优质的风貌、措施、方案或成果。特色有一定的稳定性且应在同类学校中有一定影响、得到公认。特色可体现在体育课程教学理念、教学管理制度、教学模式、人才培养、课程体系、教学方法等重要方面。

三、主要原则

1.定性与定量相结合：施行指标等级评判方法，二级指标的评估等级分为A、B、C、D四级（介于两者间的由专家组鉴定）。

2.基本目标与发展目标相结合：既考察学校贯彻条例的执行情况，又切实反映现阶段我省普通高校体育工作改革的基本现状与发展趋势，并鼓励各高校从实际出发办出体育特色。

3.表象特征与实质取证相结合：将听取自查报告、查阅资料、现场考察等表象特征与学生随访、调查问卷等实质取证结合起来。

4.现场考察与长效机制建设相结合:督查工作旨在规范学校体育工作行为,促使体育工作出成绩、水平上台阶,促进整改措施落实到位,建立健全长效机制。

四、部分指标设定

督查方案许多分级指标的量化和评价参照了教育部《普通高等学校本科教学工作水平评估方案》和《普通高等学校基本办学条件指标合格标准》,并根据浙江省高校体育工作的具体情况进行修改、补充和完善制订而成。对有关部分的具体指标设定如下:

1.折合学生数=普通本、专科(高职)生数+硕士生数×1.5+成教脱产班学生数。

2.体育教师总数=专任教师数+聘请校外教师数×0.5+兼职教师数×0.5。

聘任校外教师、兼职("双肩挑")教师应经折算后计入教师总数,但总数不得超过专任教师总数的1/4。

3.学历:已取得研究生学位教师和取得在职研究生攻读博(硕)士学位资格教师总数占专任教师的比例。

4.职称:具有高级职务教师占专任教师的比例,高职院校中未经转评的高级讲师以0.5个高级职称计入高级职务教师数。

5.生均图书册数=学校各类体育图书总数÷折合学生数。

6.体育场地室内(外)生均面积=占地面积÷全日制在校生数。

全日制在校生数=普通本、专科(高职)生数+硕士生数+成人脱产班学生数。

五、等级评定

督查资料主要为近三年以来(2003年9月至2006年7月)学校体育工作执行情况,评定对象不包括体育专业的学院(系)。评定结论分为优秀、良好、合格、不合格四种。

六、督查形式和办法

第一,督查工作的形式以自查为主,各校完成自查工作,并将《浙江省普通高校实施〈学校体育工作条例〉评估学校基本情况表》及《浙江省普通高校实施〈学校体育工作条例〉评估自评表》(表5-2)上报省教育厅体卫艺处。各校在自查中,既要充分肯定成绩、总结经验,又要正视存在的问题,找出差距,边查边改,落实整改措施。

第二,浙江省教育厅由体卫艺处牵头,组织专家对各校的自查资料进行审核,并组织人员采取互查、抽查等形式对各校进行检查。基本方式为:听取学校行政部门有关情况介绍、召开专题座谈会、查看资料、学校现场检查、看课和问卷(《浙江省普通高校贯彻〈学校体育工作条例〉调查问卷表》)等。结束时向学校简单反馈意见。

第三,确定各单位的评定等级、督查结果后,以书面形式反馈给各校。

第四,由于特殊原因需暂缓接受督查的单位,可提前提出暂缓督查的书面申请,我们将根据具体情况决定是否推迟对该校的督查,推迟时间不超过一年。

表 5-2　浙江省普通高校实施《学校体育工作条例》评估自评表

学校名称 ＿＿＿＿＿＿＿＿＿　　　　　　　　　　　　　　　　联系电话 ＿＿＿＿＿＿＿＿＿

一级指标	二级指标	主要观测点	自评等级
1 领导组织机构和管理	1.1 领导重视程度	贯彻教育体育法规	
		将体育作为考核学校工作的一项基本内容	
		学校对体育教师的待遇及有关政策	
	1.2 组织机构和管理	体育教学部(系、室)	
		校、系体育工作组织和管理	
		有关部门与体育管理部门的配合	
		学生组织发挥的作用	
2 基础建设	2.1 师资队伍建设情况	体育教师编配情况	
		教学辅助人员的配备	
		职称学历结构	
		师资培训	
	2.2 教学条件	体育经费	
		体育场馆设施	
		体育器材设备	
		电化教学与声像资料	
		图书资料	
		计算机配备	
3 课程教学	3.1 课程设置	开设体育课的年级	
		体育课类型	
	3.2 教学文件	教材	
		教学文件	
	3.3 体育教学	体育基础理论课	
		体育实践课	
		教学改革	
	3.4 教学管理	师资队伍管理	
		教学管理	
		场馆设施与器材管理	

续　表

一级指标	二级指标	主　要　观　测　点	自评等级
4 课外 体育 与训练	4.1 课外体育 活动	课外体育锻炼组织	
		课外辅导与锻炼	
		群众性的竞赛活动	
	4.2 课余训练	代表队管理	
		代表队训练与竞赛	
5 体育 工作 效果	5.1 学生学习与 锻炼效果	基本知识、技术、技能掌握情况	
		身体机能与身体素质	
	5.2 教学研究与 科研成果	教学研究成果	
		科学研究成果	
	5.3 运动竞赛与 成绩	运动竞赛成绩	
		承办各级各类体育比赛	
6 创新 亮点 与特色	6.1 体育工作创 新点与亮点	体育工作创新点	
		体育工作亮点	
	6.2 体育工作 特色	体育工作特色	
要改进和 加强的方面			

七、督查结果与评价分析

1.督查工作基本概况

截至 2008 年底,督查组已对全省 73 所普通高校完成了贯彻落实《学校体育工作条例》工作的现场督查,占全省普通高校总数的 96%,其中本科院校 33 所,高职高专院校 40 所,另有 3 所普通高校申请暂缓督查。

2.督查基本结果及分析

督查基本结果的统计分析表明,在 41 个观测点的等级综合评定上,平均77.3%的普通学校达到优秀等级评定标准,18.1%的学校达到良好等级评定标准,

4.4％的学校达到合格等级评定标准,0.2％的学校未达到合格等级评定标准,见表5-3,说明全省普通高校贯彻实施《学校体育工作条例》工作领导重视,措施得力,效果明显。从观测点等级评价的整体分布(合计)、重要指标分布以及一般指标的分布来看,本科院校与高职高专院校之间不存在显著性差异,说明全省普通高校不同类型学校整个体育工作发展的均衡性、齐整性较好,对全省开展各项体育指导工作具有一定的普适性意义。

表5-3 浙江省高校《学校体育工作条例》督查评议等级汇总分析

学校类型	分类指标	重要指标				一般指标				合 计			
		A	B	C	D	A	B	C	D	A	B	C	D
本科 N=33	合计	232	54	8	3	858	175	23	0	1090	229	31	3
	平均	7	1.8	0.2	0.1	26.0	5.6	0.7	0	33.0	6.9	0.9	0.1
	占比(％)	78.1	18.2	2.7	1.0	81.3	16.6	2.2	0	80.6	16.9	2.3	0.2
高职高专 N=40	合计	278	66	16	1	947	244	87	2	1225	310	102	3
	平均	7.0	1.4	0.2	0.1	21.6	4.4	0.6	0	27.3	6.7	0.8	0.1
	占比(％)	77.2	16.2	2.7	1.0	81.3	16.6	2.2	0	80.6	16.9	2.3	0.2
合计		610	120	23	4	1805	419	110	2	2315	639	133	6
学校平均达到数(个)		7.0	1.6	0.3	0.1	24.7	5.7	1.5	0	31.77	4	1.8	0.1
学校平均达到率(％)		77.6	18.3	3.6	0.6	77.3	17.9	4.7	0.1	77.3	18.1	4.4	0.2

截至2008年底,全省普通高校拥有体育场馆总面积5355303m²,室外面积达到4589825m²,室内面积65478m²,生均面积6.94m²(其中室外生均面积5.95m²,室内生均面积0.99m²),见表5-4。与1993年浙江省33所普通高校相比,普通高校数量扩张56.6％,体育场馆总面积增长86％。室内生均面积增加的主要原因在于迁建高教园区的40余所普通高校原有体育场馆数量少,规模小,迁建高教园区后学校配备了必要的室内体育馆、游泳馆、综合练习馆等室内场馆设施,不论数量、规模还是档次都比20世纪90年代初期有了巨大变化,与1993年相比,室内运动场馆的发展从无到有、从小到大的发展速度高于室外场馆。

表5-4 浙江省普通高校现有体育场馆面积统计分析表

指标		学生数(人)	场馆总面积(m²)	室外面积(m²)	室内面积(m²)
本科 N=33	总数	526234	3395718	2937009	458619
	平均	15946	102901	89003	13898
专科 N=40	总数	245906	1959585	1652726	306859
	平均	6148	48990	41318	7671
总数		712140	5355303	4589825	765478
每校均数		10577	73360	62874	10486
生均		—	6.94	5.95	0.99

　　研究结果表明，在上级教育部门、各高校的高度重视和政策支持下，我省普通高校体育师资队伍结构得到不断优化，师资质量得到不断提升，高级职称比例已接近我省普通高校高级职称总体平均 39％ 的水平。截至 2008 年底，全省 73 所普通高校现有体育教师数为 1663 人，平均每校 23 人，高级职称 604 人，平均每校 8.3 人，高级职称比例为 36.3％，低于全省普通高校高级职称平均比例的 7.4％，具有硕士以上学位 529 人，硕士以上学位平均每校 7.2 人，平均年龄 35.6 岁，见表 5-5。

表 5-5　浙江省普通高校体育教师结构统计分析表

指标		体育教师	高级职称	硕士以上学历	平均年龄
本科	总数	1156	475	406	38.2
	L	34	41.1	35.1	
专科 N＝40	总数	507	129	123	32.9
	均数/比例	13	25.4	24.3	
总数		1663	604	529	35.6
均数		23	8	7	

　　进一步分析得出，我省普通高校体育教师队伍整体结构在不同类型学校之间存在显著性差异，主要表现在本科院校体育师资高级职称、硕士以上学位和平均年龄明显高于高职高专院校，见图 5-1。同时高职高专院校体育教师承载的每周教学工作量（本科人均 13 学时，高职高专人均 18.5 学时）、承载学生群体工作生师比（本科 455∶1，高职高专 485∶1）和承载体育场馆管理面积（本科 2937∶1，高职高专 3865∶1）明显高于本科院校，这与我省高等教育进入大众化发展阶段以来，高职高专院校在招生规模快速扩张的同时，体育教师数量没有同比增加有直接关系。

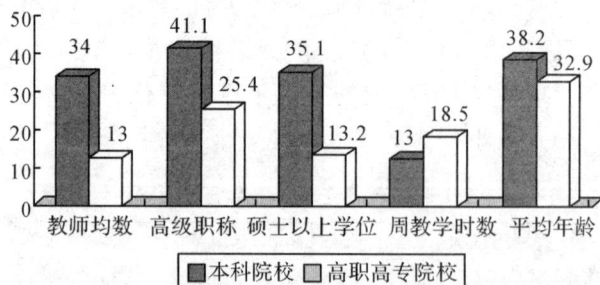

图 5-1　不同类型高校体育教师结构与承载周教学时数比较

　　全省普通高校每校年均体育维持费为 427368 元，其中本科院校每校年均 603783.5 元，生均 37.9 元；高职高专院校每校年均 189207 元，生均 30.8 元，高出全国高职高专院校办学水平评估的生均 24 元 28.3％，说明我省各高校贯彻《学校体育条例》工作在体育经费支持方面保障有力,为全省普通高校各项体育工作的开展提供了强有力的经济支持。

全省普通高校平均每校拥有体育类图书资料 5814 册,生均拥有 0.55 册,与 20 世纪 90 年代初全国普通高校有关体育工作文件规定生均 0.5 册相比高 10%,其中本科院校平均每校拥有体育类图书资料 8318 册,生均拥有 0.52 册,高职高专院校平均每校拥有体育类图书资料 3855 册,生均拥有 0.63 册,保障了普及体育知识的基本需要。

2006—2008 年三年间,全省普通高校平均每校发表科研论文 54.7 篇,其中本科院校校均发表 89.5 篇,高职高专院校校均发表 27.3 篇;体育教师每年人均发表 0.8 篇,其中本科院校体育教师年人均发表 0.88 篇,高职高专院校体育教师年人均发表 0.7 篇;平均每校承担各级各类课题 13.4 个,每校年均 4.5 个,其中厅局级及以上课题平均每校承担 5.1 个,每校年均 1.7 个;各级各类教学成果奖平均每校获奖 1.26 个,每校年均 0.42 个。

分析结果表明,目前我省普通高校体育教师体育研究和教学改革成果还比较薄弱,体育教师科研意识不强,科研层次较低,体育教学改革创新不足,教学成果不够丰厚,尤其是高职高专院校亟须加强。

本次浙江省普通高校贯彻《学校体育工作条例》工作的实地督查,同时发现目前我省普通高校体育部门在体育工作常态管理方面的意识不强,基础较弱,主要表现在以下两个方面。一方面,体育部门档案缺乏常态管理。体育工作文件缺失严重,基础文件档案目录不够清晰,临时性组织痕迹明显,体育教学多媒体课件(体育理论课)不够齐全。另一方面,体育工作文件呈文不规范。绝大多数普通高校没有充分发挥体育运动委员会的管理职能,常常以体育部(室)呈文代替体育运动委员会行使管理职能,造成很多体育工作的被动局面。在教育部、国家体育总局下发《关于印发〈学生体质健康标准(试行方案)〉》及《〈学生体质健康标准(试行方案)实施办法〉的通知》(教体艺〔2002〕12 号),教育部、国家体育总局、共青团中央下发《关于开展全国亿万学生阳光体育运动的通知》(教体艺〔2006〕6 号),中共中央、国务院下发《关于加强青少年体育增强青少年体质的意见》(中发〔2007〕7 号)等文件通知后,大多数普通高校没有根据文件精神和本校实际情况制订相关实施办法,存在管理制度缺失现象。

3.对策和建议

本次全省普通高校贯彻《学校体育工作条例》督查工作,反映出目前全省普通高校体育场馆建设面积在招生规模快速扩张的同时并没有同比增长,体育教师体育科研和教学成果比较薄弱,体育档案资料和体育工作文档及呈文常态管理意识不强,多数高校体育工作特色不足。部分高职院校体育课程教学时数"缩水"严重,高职院校整体体育师资数量配备不足，体育教师日常课时负担量过大，直接影响到体育工作内涵建设和质量提升，制约了学校群体、课余训练、运动竞赛、体育科研和社会服务工作的顺利开展。

针对本省实际情况，应制订《浙江省高职高专体育课程教学指导纲要（试行方案）》，进一步规范高职高专院校体育课程设置和落实相关政策保障体育课程教学，合理设置体育课授课班级规模，适度扩充现有体育教师规模。

因校而异，因地而异，加快体育场馆设施建设，满足体育活动开展需要，尤其是保障浙江省大力推广游泳运动的游泳池建设，同时各高校需要充分构建区域性的高教园区、社会体育场馆体育资源共享机制，努力提高体育场馆使用率。

重视体育档案管理和体育工作文件呈文规范化建设工作，通过开设专题培训班来提高管理人员业务素质，出台《浙江省普通高校工作档案管理目录》，崇尚并培育全省高校重视体育文档建设的良好习惯和服务能力。

档案管理范式，加强体育档案管理规范化、标准化建设工作。建立与健全体育科研团队和教学团队建设，形成体育科学研究和体育课程教学改革合力，增强科研和教学创新意识，提升体育科研能力和水平，尽快做出科研和教学成果，形成学校体育工作特色。

附录

学校体育工作条例

第一章　总　则

第一条　为保证学校体育工作的正常开展,促进学生身心的健康成长,制定本条例。

第二条　学校体育工作是指普通中小学校、农业中学、职业中学、中等专业学校、普通高等学校的体育课教学、课外体育活动、课余体育训练和体育竞赛。

第三条　学校体育工作的基本任务是:增进学生身心健康、增强学生体质;使学生掌握体育基本知识,培养学生体育运动能力和习惯;提高学生运动技术水平,为国家培养体育后备人才;对学生进行品德教育,增强组织纪律性,培养学生的勇敢、顽强、进取精神。

第四条　学校体育工作应当坚持普及与提高相结合、体育锻炼与安全卫生相结合的原则,积极开展多种形式的强身健体活动,重视继承和发扬民族传统体育,注意吸取国外学校体育的有益经验,积极开展体育科学研究工作。

第五条　学校体育工作应当面向全体学生,积极推行国家体育锻炼标准。

第六条　学校体育工作在教育行政部门领导下,由学校组织实施,并接受体育行政部门的指导。

第二章　体育课教学

第七条　学校应当根据教育行政部门的规定,组织实施体育课教学活动。

普通中小学校、农业中学、职业中学、中等专业学校各年级和普通高等学校的一、二年级必须开设体育课。普通高等学校对三年级以上学生开设体育选修课。

第八条 体育课教学应当遵循学生身心发展的规律，教学内容应当符合教学大纲的要求，符合学生年龄、性别特点和所在地区地理、气候条件。

体育课的教学形式应当灵活多样，不断改进教学方法，改善教学条件，提高教学质量。

第九条 体育课是学生毕业、升学考试科目。学生因病、残免修体育课或者免除体育课考试的，必须持医院证明，经学校体育教研室（组）审核同意，并报学校教务部门备案，记入学生健康档案。

第三章 课外体育活动

第十条 开展课外体育活动应当从实际情况出发，因地制宜，生动活泼。

普通中小学校、农业中学、职业中学每天应当安排课间操，每周安排三次以上课外体育活动，保证学生每天有一小时体育活动的时间（含体育课）。

中等专业学校、普通高等学校除安排有体育课、劳动课的当天外，每天应当组织学生开展各种课外体育活动。

第十一条 学校应当在学生中认真推行国家体育锻炼标准的达标活动和等级运动员制度。

学校可根据条件有计划组织学生远足、野营和举办夏（冬）令营等多种形式的体育活动。

第四章 课余体育训练与竞赛

第十二条 学校应当在体育课教学和课外体育活动的基础上，开展多种形式的课余体育训练，提高学生的运动技术水平。有条件的普通中小学校、农业中学、职业中学、中等专业学校经省级教育行政部门批准，普通高等学校经国家教育委员会批准，可以开展培养优秀体育后备人才的训练。

第十三条 学校对参加课余体育训练的学生，应当安排好文化课学习，加强思想品德教育，并注意改善他们的营养。普通高等学校对运动水平较高、具有培养前途的学生，报国家教育委员会批准，可适当延长学习年限。

第十四条 学校体育竞赛贯彻小型多样、单项分散、基层为主、勤俭节约的原则。学校每学年至少举行一次以田径项目为主的全校性运动会。

第十五条 全国中学生运动会每三年举行一次，全国大学生运动会每四年举行一次。特殊情况下，经国家教育委员会批准可提前或者延期举行。

国家教育委员会根据需要，可以安排学生参加国际学生体育竞赛。

第十六条 学校体育竞赛应当执行国家有关的体育竞赛制度和规定，树立良好的赛风。

第五章　体育教师

第十七条　体育教师应当热爱学校体育工作,具有良好的思想品德、文化素养,掌握体育教育的理论和教学方法。

第十八条　学校应当在各级教育行政部门核定的教师总编制数内,按照教学计划中体育课授课时数所占的比例和开展课余体育活动的需要配备体育教师。除普通小学外,学校应当根据学校女生数量配备一定比例的女体育教师。承担培养优秀体育后备人才训练任务的学校,体育教师的配备应当相应增加。

第十九条　各级教育行政部门和学校应当有计划地安排体育教师进修培训。对体育教师的职务聘任、工资待遇应当与其他任课教师同等对待。按照国家有关规定,有关部门应当妥善解决体育教师的工作服装和粮食定量。

体育教师组织课间操(早操)、课外体育活动和课余训练、体育竞赛应当计算工作量。

学校对妊娠、产后的女体育教师,应当按照《女职工劳动保护规定》给予相应的照顾。

第六章　场地、器材、设备和经费

第二十条　学校的上级主管部门和学校应当按照国家或者地方制定的各类学校体育场地、器材、设备标准,有计划地逐步配齐。学校体育器材应当纳入教学仪器供应计划。新建、改建学校必须按照有关场地、器材的规定进行规划、设计和建设。

在学校比较密集的城镇地区,逐步建立中小学体育活动中心,并纳入城市建设规划。社会的体育场(馆)和体育设施应当安排一定时间免费向学生开放。

第二十一条　学校应当制定体育场地、器材、设备的管理维修制度,并由专人负责管理。

任何单位或者个人不得侵占、破坏学校体育场地或者破坏体育器材、设备。

第二十二条　各级教育行政部门和学校应当根据学校体育工作的实际需要,把学校体育经费纳入核定的年度教育经费预算内,予以妥善安排。

地方各级人民政府在安排年度学校教育经费时,应当安排一定数额的体育经费,以保证学校体育工作的开展。

国家和地方各级体育行政部门在经费上应当尽可能对学校体育工作给予支持。

国家鼓励各种社会力量以及个人自愿捐资支援学校体育工作。

第七章　组织机构和管理

第二十三条　各级教育行政部门应当健全学校体育管理机构,加强对学校体育工作的指导和检查。

学校体育工作应当作为考核学校工作的一项基本内容。普通中小学校的体育工作应当列入督导计划。

第二十四条　学校应当由一位副校(院)长主管体育工作,在制定计划、总结工作、评选先进时,应当把体育工作列为重要内容。

第二十五条　普通高等学校、中等专业学校和规模较大的普通中学,可以建立相应的体育管理部门,配备专职干部和管理人员。

班主任、辅导员应当把学校体育工作作为一项工作内容,教育和督促学生积极参加体育活动。学校的卫生部门应当与体育管理部门互相配合,搞好体育卫生工作。总务部门应当搞好学校体育工作的后勤保障。

学校应当充分发挥共青团、少先队、学生会以及大、中学生体育协会等组织在学校体育工作中的作用。

第八章　奖励与处罚

第二十六条　对在学校体育工作中成绩显著的单位和个人,各级教育、体育行政部门或者学校应当给予表彰、奖励。

第二十七条　对违反本条例,有下列行为之一的单位或者个人,由当地教育行政部门令其限期改正,并视情节轻重对直接责任人员给予批评教育或者行政处分:

(一)不按规定开设或者随意停止体育课的;

(二)未保证学生每天一小时体育活动时间(含体育课)的;

(三)在体育竞赛中违反纪律、弄虚作假的;

(四)不按国家规定解决体育教师工作服装、粮食定量的。

第二十八条　对违反本条例,侵占、破坏学校体育场地、器材、设备的单位或者个人,由当地人民政府或者教育行政部门令其限期清退和修复场地、赔偿或者修复器材、设备。

第九章　附则

第二十九条　高等体育院校和普通高等学校的体育专业的体育工作不适用本条例。

技工学校、工读学校、特殊教育学校、成人学校的学校体育工作参照本条例执行。

第三十条　国家教育委员会、国家体育运动委员会可根据本条例制定实施办法。

第三十一条　本条例自发布之日起施行。原教育部、国家体育运动委员会1979年10月5日发布的《高等学校体育工作暂行规定（试行草案）》和《中、小学体育工作暂行规定（试行草案）》同时废止。

全国普通高等学校体育课程教学指导纲要

　　为了全面贯彻党的教育方针，促进学生的健康发展，使当代大学生成为社会主义事业的建设者和接班人，根据《中共中央国务院关于深化教育改革全面推进素质教育的决定》和国务院批准发布实行的《学校体育工作条例》的精神，在总结高等学校体育课程建设和教学改革经验的基础上，特制定本纲要。

　　本纲要是国家对大学生在体育课程方面的基本要求，是新时期普通高等学校制订体育课程教学大纲，进行体育课程建设和评价的依据。

一、课程性质

　　第一条　体育课程是大学生以身体练习为主要手段，通过合理的体育教育和科学的体育锻炼过程，达到增强体质、增进健康和提高体育素养为主要目标的公共必修课程；是学校课程体系的重要组成部分；是高等学校体育工作的中心环节。

　　第二条　体育课程是寓促进身心和谐发展、思想品德教育、文化科学教育、生活与体育技能教育于身体活动并有机结合的教育过程；是实施素质教育和培养全面发展的人才的重要途径。

二、课程目标

　　第三条　基本目标

　　基本目标是根据大多数学生的基本要求而确定的，分为五个领域目标。

　　运动参与目标：积极参与各种体育活动并基本形成自觉锻炼的习惯，基本形成终身体育的意识，能够编制可行的个人锻炼计划，具有一定的体育文化欣赏能力。

　　运动技能目标：熟练掌握两项以上健身运动的基本方法和技能；能科学地进行体育锻炼，提高自己的运动能力；掌握常见运动创伤的处置方法。

　　身体健康目标：能测试和评价体质健康状况，掌握有效提高身体素质、全面发展体能的知识与方法；能合理选择人体需要的健康营养食品；养成良好的行为习惯，形成健康的生活方式；具有健康的体魄。

　　心理健康目标：根据自己的能力设置体育学习目标；自觉通过体育活动改善心理状态、克服心理障碍，养成积极乐观的生活态度；运用适宜的方法调节自己的情绪；在运动中体验运动的乐趣和成功的感觉。

　　社会适应目标：表现出良好的体育道德和合作精神；正确处理竞争与合作的关系。

第四条　发展目标

发展目标是针对部分学有所长和有余力的学生确定的,也可作为大多数学生的努力目标,分为五个领域目标。

运动参与目标:形成良好的体育锻炼习惯;能独立制订适用于自身需要的健身运动处方;具有较高的体育文化素养和观赏水平。

运动技能目标:积极提高运动技术水平,发展自己的运动才能,在某个运动项目上达到或相当于国家等级运动员水平;能参加有挑战性的野外活动和运动竞赛。

身体健康目标:能选择良好的运动环境,全面发展体能,提高自身科学锻炼的能力,练就强健的体魄。

心理健康目标:在具有挑战性的运动环境中表现出勇敢顽强的意志品质。

社会适应目标:形成良好的行为习惯,主动关心、积极参加社区体育事务。

三、课程设置

第五条　普通高等学校的一、二年级必须开设体育课程(四个学期共计 144 学时)。修满规定学分、达到基本要求是学生毕业、获得学位的必要条件之一。

第六条　普通高等学校对三年级以上学生(包括研究生)开设体育选修课。

四、课程结构

第七条　为实现体育课程目标,应使课堂教学与课外、校外的体育活动有机结合,学校与社会紧密联系。要把有目的、有计划、有组织的课外体育锻炼、校外(社会、野外)活动、运动训练等纳入体育课程,形成课内外、校内外有机联系的课程结构。

第八条　根据学校教育的总体要求和体育课程的自身规律,应面向全体学生开设多种类型的体育课程,可以打破原有的系别、班级建制,重新组合上课,以满足不同层次、不同水平、不同兴趣学生的需要。重视理论与实践相结合,在运动实践教学中注意渗透相关理论知识,并运用多种形式和现代教学手段,安排约 10% 的理论教学内容(每学期约 4 学时),扩大体育的知识面,提高学生的认知能力。

第九条　要充分发挥学生的主体作用和教师的主导作用,努力倡导开放式、探究式教学,努力拓展体育课程的时间和空间。在教师的指导下,学生应具有自主选择课程内容、自主选择任课教师、自主选择上课时间的自由度,营造生动、活泼、主动的学习氛围。

第十条　应把校运动队及部分确有运动特长学生的专项运动训练纳入体育课程之中。对部分身体异常和病、残、弱及个别高龄等特殊群体的学生,开设以康复、保健为主的体育课程。

五、课程内容与教学方法

第十一条　确定体育课程内容的主要原则是：

健身性与文化性相结合。紧扣课程的主要目标，把"健康第一"的指导思想作为确定课程内容的基本出发点，同时重视课程内容的体育文化含量。

选择性与实效性相结合。学校应根据学生的特点以及地域、气候、场馆设施等不同情况确定课程内容，课程内容应力求丰富多彩，为学生提供较大的选择空间。要注意课程内容对促进学生健康发展的实效性，并注意与中学体育课程内容的衔接。

科学性和可接受性相结合。教学内容应与学科发展相适应，反映本学科的新进展、新成果。要以人为本，遵循大学生的身心发展规律和兴趣爱好，既要考虑主动适应学生个性发展的需要，也要考虑主动适应社会发展的需要，为学生所用，便于学生课外自学、自练。

民族性与世界性相结合。弘扬我国民族传统体育，汲取世界优秀体育文化，体现时代性、发展性、民族性和中国特色。

充分反映和体现教育部、国家体育总局制定的《学生体质健康标准（试行方案）》的内容和要求。

第十二条　教学方法要讲究个性化和多样化，提倡师生之间、学生与学生之间的多边互助活动，努力提高学生参与的积极性，最大限度地发挥学生的创造性。不仅要注重教法的研究，更要加强对学生学习方法和练习方法的指导，提高学生自学、自练的能力。

六、课程建设与课程资源的开发

第十三条　体育教师是课程教学的具体执行者和组织者。学校应当在上级行政部门核定的教师总编制内，按照体育课程教学计划授课、开展课外体育活动以及完成培养优秀体育人才训练的任务，配备相应数量合格的体育教师。

第十四条　体育教师要与时俱进，努力提高自身的政治、业务素养。学校应当有目的、有计划地安排体育教师定期接受教育培训，不断完善他们的知识结构、能力结构，逐步提高学历水平，从而提高体育师资队伍的整体水平，以适应现代教育的需要。

第十五条　体育教师在强化培养人才职能的基础上，逐步加强学校体育科学研究的职能和社会服务（含社区体育）的职能，开展经常性的科学研究和教育教学的研究，不断推广优秀教学成果。

第十六条　学校应当按照教育部发布的"普通高等学校体育场馆设施、器材配备目录"及有关规定进行规划和建设,创造条件满足体育课程的实际需要,采取措施延长体育场馆、设施的开放时间,提高对各项体育设施的利用率。

第十七条　要建立、健全体育课程的各项规章制度和教师培养聘任制度;各类教学文件和教师、学生考核资料须归档立案;建立《学生体质健康标准》测试管理系统;建立体育场馆设施、器材的管理系统;逐步实现体育课程管理的科学化、系统化和计算机网络化。

第十八条　各校应根据本纲要和学校的实际情况制订教学大纲,自主选择教学内容,有的放矢地进行教学改革和试验,加强教学过程控制,防止以改革之名行无政府主义之实的不良现象发生。根据体育课程的实际情况,为确保教学质量,课堂教学班人数一般以 30 人左右为宜。

第十九条　体育课程教材的审定工作由教育部全国高校体育教学指导委员会统一规划与组织。本着"一纲多本"的原则,博采众长编写高质量的教材。未经全国高校体育课程教学指导委员会审定通过的体育课程教材,各地、各高校均不得选用,以杜绝质量低劣的教材进入课堂。

第二十条　因时因地制宜开发利用各种课程资源是课程建设的重要途径。如:充分利用校内外有体育特长的教师、班主任、校医、家长、学生骨干等,开发人力资源。

充分利用校内外的体育场馆设施,合理布局,合理使用有限的物力和财力,开发体育设施资源。

做好现有运动项目的改造和对新兴、传统体育项目的利用,开发运动项目资源。

充分利用各种媒体(广播、电视、网络等)获取信息,不断充实、更新课程内容。

充分利用课外时间和节假日,开展家庭体育、社区体育、体育夏(冬)令营、体育节、郊游等各种体育活动,开发课外和校外体育资源。

充分利用空气、阳光、水、江、河、湖、海、沙滩、田野、森林、山地、草原、雪原、荒原等条件,开展野外生存、生活方面的教学与训练,开发自然环境资源。

七、课程评价

第二十一条　体育课程评价包括对学生的学习、教师的教学和课程建设等三个方面。学生的学习评价应是对学习效果和过程的评价,主要包括体能与运动技能、认知、学习态度与行为、交往与合作精神、情意表现等,通过学生自评、互评和教师评定等方式进行。评价中应淡化甄别、选拔功能,强化激励、发展功能,把学生的进步幅度纳入评价内容。教师的教学评价内容主要包括教师业务素养(专业素质、教学能力、科研能力、教学工作量)和课堂教学两个方面,可通过教师自评、学生评价、同行专家评议等方式进行。课程建设评价的内容主要包括课程结构体系、课程内容、教材建设、课程管理、师资配备与培训、体育经费、场馆设施以及课程目标的达成程度等，采用多元综合评价的方式进行。评价过程中，应重视学生的学习效果和反应，重视社会有关方面的评价意见。

第二十二条　体育课程建设的评价由教育部组织进行。各省、自治区、直辖市教育行政部门应根据教育部有关规定制定评价方案，定期表彰和奖励有突出贡献的个人和成绩优秀的单位。教育部在四年一次的全国大学生运动会上进行全国性表彰和奖励，充分发挥教育评价的导向和激励作用。

八、附则

第二十三条　本纲要适用于全国普通高等学校。普通高等学校体育类专业不适用本纲要。

高等学校体育工作基本标准

为落实立德树人根本任务,加强高等学校体育工作,切实提高高校学生体质健康水平,促进学生全面发展,根据国家有关规定,制定本标准。本标准适用于普通本科学校和高等职业学校的体育工作。

一、体育工作规划与发展

1. 全面贯彻党的教育方针,服务立德树人根本任务,将学校体育纳入学校全面实施素质教育的各项工作,认真执行国家教育发展规划、规章制度及各项要求。创新人才培养模式,使学生掌握科学锻炼的基础知识、基本技能和有效方法,学会至少两项终身受益的体育锻炼项目,养成良好锻炼习惯。挖掘学校体育在学生道德教育、智力发展、身心健康、审美素养和健康生活方式形成中的多元育人功能,有计划、有制度、有保障地促进学校体育与德育、智育、美育有机融合,提高学生综合素质。

2. 统筹规划学校体育发展,把增强学生体质和促进学生健康作为学校教育的基本目标之一和重要工作内容,纳入学校总体发展规划,全面发挥体育在学校人才培养、科学研究、社会服务和文化传承中不可替代的作用。制订阳光体育运动工作方案,明确工作目标、具体任务、保障措施和责任分工,并落实各项工作。

3. 设置体育工作机构,配备专职干部、教师和工作人员,并赋予其统筹开展学校体育工作的各项管理职能。实行学校领导分管负责制(或体育工作委员会制),每年至少召开一次体育工作专题会议,有针对性地解决实际问题。学校各有关部门积极协同配合,合理分工,明确人员,落实责任。

4. 加强学校体育工作管理,在学校体育改革发展、教育教学、教研科研、竞赛活动、社会服务等各项工作领域制订规范文件、健全管理制度、加强过程监测。建立科学规范的学校体育工作评价机制,并纳入综合办学水平和教育教学质量评价体系。

二、体育课程设置与实施

5. 严格执行《全国普通高等学校体育课程教学指导纲要》,必须为一、二年级本科学生开设不少于 144 学时(专科生不少于 108 学时)的体育必修课,每周安排体育课不少于 2 学时,每学时不少于 45 分钟。为其他年级学生和研究生开设体育选修课,选修课成绩计入学生学分。每节体育课学生人数原则上不超过 30 人。

6. 深入推进课程改革,合理安排教学内容,开设不少于 15 门的体育项目。每节体育课须保证一定的运动强度,其中提高学生心肺功能的锻炼内容不得少于30%;要将反映学生心肺功能的素质锻炼项目作为考试内容,考试分数的权重不得少于 30%。

7. 创新教育教学方式,指导学生科学锻炼,增强体育教学的吸引力、特色性和实效性。建立体育教研、科研制度,形成高水平研究团队,多渠道开展以提高学生体质健康、教学质量、课余训练、体育文化水平等为目标的战略性、前瞻性、应用性项目研究,带动学校体育工作整体水平提高。

三、课外体育活动与竞赛

8. 将课外体育活动纳入学校教学计划,健全制度、完善机制、加强保障。面向全体学生设置多样化、可选择、有实效的锻炼项目,组织学生每周至少参加三次课外体育锻炼,切实保证学生每天一小时体育活动时间。

9. 学校每年组织春、秋季综合性学生运动会(或体育文化节),设置学生喜闻乐见、易于参与的竞技性、健身性和民族性体育项目,参与运动会的学生达到 50% 以上。经常组织校内体育比赛,支持院系、专业或班级学生开展体育竞赛和交流等活动。

10. 注重培养学生体育特长,有效发挥体育特长生和学生体育骨干的示范作用,组建学生体育运动队,科学开展课余训练,组织学生参加教育和体育部门举办的体育竞赛。

11. 加强校园体育文化建设,促进中华优秀体育文化传承创新。学校成立不少于 20 个学生体育社团,采取鼓励和支持措施定期开展活动,形成良好的校园体育传统和特色。开展对外体育交流与合作。通过校报、公告栏和校园网等形式,定期通报学生体育活动情况,传播健康理念。

12. 因地制宜开展社会服务。支持体育教师适度参与国内外重大体育比赛的组织、裁判等社会实践工作。鼓励体育教师指导中小学体育教学、训练和参与社区健身辅导等公益活动。支持学校师生为政府及社会举办的体育活动提供志愿服务。

四、学生体质监测与评价

13. 全面实施《国家学生体质健康标准》,建立学生体质健康测试中心,安排专门人员负责,完善工作条件,每年对所有学生进行体质健康测试,测试成绩向学生反馈,并将测试结果经教育部门审核后上报国家学生体质健康标准数据管理系统,形成本校学生体质健康年度报告。及时在校内公布学生体质健康测试总体结果。

14.建立健全《国家学生体质健康标准》管理制度,学生测试成绩列入学生档案,作为对学生评优、评先的重要依据。毕业时,学生测试成绩达不到50分者按结业处理(因病或残疾学生,凭医院证明向学校提出申请并经审核通过后可准予毕业)。毕业年级学生测试成绩及格率须达95%以上。

15.将学生体质健康状况作为衡量学校办学水平的重要指标。将体质健康状况、体育课成绩、参与体育活动等情况作为学生综合素质评价的重要内容。

16.建立学生体质健康状况分析和研判机制,根据学生体质健康状况制定干预措施,视情况采取分类教学、个别辅导等必要措施,指导学生有针对性地进行体育锻炼,切实改进体育工作,提高全体学生体质健康水平。

五 基础能力建设与保障

17.健全学校体育保障机制,学校体育工作经费纳入学校经费预算,并与学校教育事业经费同步增长。加强学校体育活动的安全教育、伤害预防和风险管理,建立健全校园体育活动意外伤害保险制度,妥善处置伤害事件。

18.根据体育课教学、课外体育活动、课余训练竞赛和实施《国家学生体质健康标准》等工作需要,合理配备体育教师。体育教师年龄、专业、学历和职称结构合理,健全体育教师职称评定、学术评价、岗位聘任和学习进修等制度。

19.将体育教学、课外体育活动、课余训练竞赛和实施《国家学生体质健康标准》等工作纳入教师工作量,保证体育教师与其他学科(专业)教师工作量的计算标准一致,实行同工同酬。

20.体育场馆、设施和器材等符合国家配备、安全和质量标准,完善配备、管理、使用等规章制度,基本满足学生参加体育锻炼的需求。定时维护体育场馆、设施,及时更新、添置易耗、易损体育器材。体育场馆、设施在课余和节假日向学生免费或优惠开放。

国家学生体质健康标准(2014年修订)

一、说明

1.《国家学生体质健康标准》(以下简称《标准》)是国家学校教育工作的基础性指导文件和教育质量基本标准,是评价学生综合素质、评估学校工作和衡量各地教育发展的重要依据,是《国家体育锻炼标准》在学校的具体实施,适用于全日制普通小学、初中、普通高中、中等职业学校、普通高等学校的学生。

2.本标准的修订坚持健康第一,落实《国家中长期教育改革和发展规划纲要(2010—2020年)》《国务院办公厅转发教育部等部门关于进一步加强学校体育工作若干意见的通知》(国办发〔2012〕53号)和《教育部关于印发〈学生体质健康监测评价办法〉等三个文件的通知》(教体艺〔2014〕3号)有关要求,着重提高《标准》应用的信度、效度和区分度,着重强化其教育激励、反馈调整和引导锻炼的功能,着重提高其教育监测和绩效评价的支撑能力。

3.本标准从身体形态、身体机能和身体素质等方面综合评定学生的体质健康水平,是促进学生体质健康发展、激励学生积极进行身体锻炼的教育手段,是国家学生发展核心素养体系和学业质量标准的重要组成部分,是学生体质健康的个体评价标准。

4.本标准将适用对象划分为以下组别:小学、初中、高中按每个年级为一组,其中小学为6组、初中为3组、高中为3组。大学一、二年级为一组,三、四年级为一组。

5.小学、初中、高中、大学各组别的测试指标均为必测指标。其中,身体形态类中的身高、体重,身体机能类中的肺活量,以及身体素质类中的50米跑、坐位体前屈为各年级学生共性指标。

6.本标准的学年总分由标准分与附加分之和构成,满分为120分。标准分由各单项指标得分与权重乘积之和组成,满分为100分。附加分根据实测成绩确定,即对成绩超过100分的加分指标进行加分,满分为20分;小学的加分指标为1分钟跳绳,加分幅度为20分;初中、高中和大学的加分指标为男生引体向上和1000米跑,女生1分钟仰卧起坐和800米跑,各指标加分幅度均为10分。

7.根据学生学年总分评定等级:90.0分及以上为优秀,80.0—89.9分为良好,60.0—79.9分为及格,59.9分及以下为不及格。

8.每个学生每学年评定一次,记入《〈国家学生体质健康标准〉登记卡》(见附表1)。特殊学制的学校,在填写登记卡时可以按规定和需求相应地增减栏目。学生毕业时的成绩和等级,按毕业当年学年总分的 50% 与其他学年总分平均得分的 50% 之和进行评定。

9.学生测试成绩评定达到良好及以上者,方可参加评优与评奖;成绩达到优秀者,方可获体育奖学分。测试成绩评定不及格者,在本学年度准予补测一次,补测仍不及格,则学年成绩评定为不及格。普通高中、中等职业学校和普通高等学校学生毕业时,《标准》测试的成绩达不到 50 分者按结业或肄业处理。

10.学生因病或残疾可向学校提交暂缓或免予执行《标准》的申请,经医疗单位证明,体育教学部门核准,可暂缓或免予执行《标准》,并填写《免予执行〈国家学生体质健康标准〉申请表》(附表 7),存入学生档案。确实丧失运动能力、被免予执行《标准》的残疾学生,仍可参加评优与评奖,毕业时《标准》成绩需注明免测。

11.各学校每学年开展覆盖本校各年级学生的《标准》测试工作,《标准》测试数据经当地教育行政部门按要求审核后,通过"中国学生体质健康网"上传至"国家学生体质健康标准数据管理系统"。测试和数据上传时间由教育行政部门确定。

12.本标准由教育部负责解释。

二、单项指标与权重

测试对象	单项指标	权重(%)
大学各年级	体重指数(BMI)	15
	肺活量	15
大学各年级	50 米跑	20
	坐位体前屈	10
	立定跳远	10
	引体向上(男)/1 分钟仰卧起坐(女)	10
	1000 米跑(男)/800 米跑(女)	20

注:体重指数(BMI)=体重(千克)/身高^2(米^2)。

三、评分表

(一)身体形态指标评分表

男生体重指数(BMI)单项评分表(单位:千克/米^2)

等 级	单项得分	大学男生	大学女生
正 常	100	17.9—23.9	17.2—23.9

等　级	单项得分	大学男生	大学女生
低体重	80	≤17.8	≤17.1
超　重		24.0—27.9	24.0—27.9
等　级	60	≥28.0	≥28.0

肺活量单项评分表(单位:毫升)

等　级	单项得分	大学男生 一、二年级	大学男生 三、四年级	大学女生 一、二年级	大学女生 三、四年级
优　秀	100	5040	5140	3400	3450
	95	4920	5020	3350	3400
	90	4800	4900	3300	3350
良　好	85	4550	4650	3150	3200
	80	4300	4400	3000	3050
	78	4180	4280	2900	2950
	76	4060	4160	2800	2850
	74	3940	4040	2700	2750
	72	3820	3920	2600	2650
	70	3700	3800	2500	2550
及　格	68	3580	3680	2400	2450
	66	3460	3560	2300	2350
	64	3340	3440	2200	2250
	62	3220	3320	2100	2150
	60	3100	3200	2000	2050
	50	2940	3030	1960	2010
	40	2780	2860	1920	1970
不及格	30	2620	2690	1880	1930
	20	2460	2520	1840	1890
	10	2300	2350	1800	1850

（二）身体素质指标评分表

大学一、二年级身体素质评分表

等级	单项得分	50米跑		坐位体前屈		立定跳远		引体向上（男）/1分钟仰卧起坐（女）		1000米跑（男）/800米跑（女）	
		男生	女生	男生	女生	男生	女生	男生	女生	男生	女生
优秀	100	6.7″	7.5″	24.9cm	25.8cm	273cm	207cm	19次	56次	3′17″	3′18″
	95	6.8″	7.6″	23.1cm	24.0cm	268cm	201cm	18次	54次	3′22″	3′24″
	90	6.9″	7.7″	21.3cm	22.2cm	263cm	195cm	17次	52次	3′27″	3′30″
良好	85	7.0″	8.0″	19.5cm	20.6cm	256cm	188cm	16次	49次	3′34″	3′37″
	80	7.1″	8.3″	17.7cm	19.0cm	248cm	181cm	15次	46次	3′42″	3′44″
及格	78	7.3″	8.5″	16.3cm	17.7cm	244cm	178cm		44次	3′47″	3′49″
	76	7.5″	8.7″	14.9cm	16.4cm	240cm	175cm	14次	42次	3′52″	3′54″
	74	7.7″	8.9″	13.5cm	15.1cm	236cm	172cm		40次	3′57″	3′59″
	72	7.9″	9.1″	12.1cm	13.8cm	232cm	169cm	13次	38次	4′02″	4′04″
	70	8.1″	9.3″	10.7cm	12.5cm	228cm	166cm		36次	4′07″	4′09″
	68	8.3″	9.5″	9.3cm	11.2cm	224cm	163cm	12次	34次	4′12″	4′14″
	66	8.5″	9.7″	7.9cm	9.9cm	220cm	160cm		32次	4′17″	4′19″
	64	8.7″	9.9″	6.5cm	8.6cm	216cm	157cm	11次	30次	4′22″	4′24″
	62	8.9″	10.1″	5.1cm	7.3cm	212cm	154cm		28次	4′27″	4′29″
	60	9.1″	10.3″	3.7cm	6.0cm	208cm	151cm	10次	26次	4′32″	4′34″
不及格	50	9.3″	10.5″	2.7cm	5.2cm	203cm	146cm	9次	24次	4′52″	4′44″
	40	9.5″	10.7″	1.7cm	4.4cm	198cm	141cm	8次	22次	5′12″	4′54″
	30	9.7″	10.9″	0.7cm	3.6cm	193cm	136cm	7次	20次	5′32″	5′04″
	20	9.9″	11.1″	−0.3cm	2.8cm	188cm	131cm	6次	18次	5′52″	5′14″
	10	10.1″	11.3″	−1.3cm	2.0cm	183cm	126cm	5次	16次	6′12″	5′24″

大学三、四年级身体素质评分表

等级	单项得分	50米跑		坐位体前屈		立定跳远		引体向上（男）/1分钟仰卧起坐（女）		1000米跑（男）/800米跑（女）	
		男生	女生	男生	女生	男生	女生	男生	女生	男生	女生
优秀	100	6.6″	7.4″	25.1cm	26.3cm	275cm	208cm	20次	57次	3′15″	3′16″
	95	6.7″	7.5″	23.3cm	24.4cm	270cm	202cm	19次	55次	3′20″	3′22″
	90	6.8″	7.6″	21.5cm	22.4cm	265cm	196cm	18次	53次	3′25″	3′28″
良好	85	6.9″	7.9″	19.9cm	21.0cm	258cm	189cm	17次	50次	3′32″	3′35″
	80	7.0″	8.2″	18.2cm	19.5cm	250cm	182cm	16次	47次	3′40″	3′42″

等　级	单项得分	50 米跑		坐位体前屈		立定跳远		引体向上（男）/1分钟仰卧起坐（女）		1000 米跑（男）/800 米跑（女）	
		男生	女生	男生	女生	男生	女生	男生	女生	男生	女生
及　格	78	7.2″	8.4″	16.8cm	18.2cm	246cm	179cm		45 次	3′45″	3′47″
	76	7.4″	8.6″	15.4cm	16.9cm	242cm	176cm	15 次	43 次	3′50″	3′52″
	74	7.6″	8.8″	14.0cm	15.6cm	238cm	173cm		41 次	3′55″	3′57″
	72	7.8″	9.0″	12.6cm	14.3cm	234cm	170cm	14 次	39 次	4′00″	4′02″
	70	8.0″	9.2″	11.2cm	13.0cm	230cm	167cm		37 次	4′05″	4′07″
	68	8.2″	9.4″	9.8cm	11.7cm	226cm	164cm	13 次	35 次	4′10″	4′12″
	66	8.4″	9.6″	8.4cm	10.4cm	222cm	161cm		33 次	4′15″	4′17″
	64	8.6″	9.8″	7.0cm	9.1cm	218cm	158cm	12 次	31 次	4′20″	4′22″
	62	8.8″	10.0″	5.6cm	7.8cm	214cm	155cm		29 次	4′25″	4′27″
	60	9.0″	10.2″	4.2cm	6.5cm	210cm	152cm	11 次	27 次	4′30″	4′32″
不及格	50	9.2″	10.4″	3.2″	5.7cm	205cm	147cm	10 次	25 次	4′50″	4′42″
	40	9.4″	10.6″	2.2cm	4.9cm	200cm	142cm	9 次	23 次	5′10″	4′52″
	30	9.6″	10.8″	1.2cm	4.1cm	195cm	137cm	8 次	21 次	5′30″	5′02″
	20	9.8″	11.0″	0.2cm	3.3cm	190cm	132cm	7 次	19 次	5′50″	5′12″
	10	10.0″	11.2″	−0.8cm	2.5cm	185cm	127cm	6 次	17 次	6′10″	5′22″

（三）加分指标评分表

加　分	引体向上（男）		1分钟仰卧起坐（女）		1000 米跑（男）		800 米跑（女）	
	一、二年级	三、四年级	一、二年级	三、四年级	一、二年级	三、四年级	一、二年级	三、四年级
10	10 次	10 次	13 次	13 次	−35″	−35″	−50″	−50″
9	9 次	9 次	12 次	12 次	−32″	−32″	−45″	−45″
8	8 次	8 次	11 次	11 次	−29″	−29″	−40″	−40″
7	7 次	7 次	10 次	10 次	−26″	−26″	−35″	−35″
6	6 次	6 次	9 次	9 次	−23″	−23″	−30″	−30″
5	5 次	5 次	8 次	8 次	−20″	−20″	−25″	−25″
4	4 次	4 次	7 次	7 次	−16″	−16″	−20″	−20″
3	3 次	3 次	6 次	6 次	−12″	−12″	−15″	−15″
2	2 次	2 次	4 次	4 次	−8″	−8″	−10″	−10″
1	1 次	1 次	2 次	2 次	−4″	−4″	−5″	−5″

附表 1

《国家学生体质健康标准》登记卡（大学样表）

学　校＿＿＿＿＿＿＿＿＿＿

姓　名		性　别		学　号	
院（系）		民　族		出生日期	

单项指标	大一			大二			大三			大四			毕业成绩	
	成绩	得分	等级	成绩	得分	等级	成绩	得分	等级	成绩	得分	等级	得分	等级
体重指数（BMI）（千克/米^2）														
肺活量（毫升）														
50米跑（秒）														
坐位体前屈（厘米）														
立定跳远（厘米）														
引体向上（男）/1分钟仰卧起坐（女）（次）														
1000米跑（男）/800米跑（女）（分·秒）														
标准分														

加分指标	成绩	附加分	成绩	附加分	成绩	附加分	成绩	附加分		
引体向上（男）/1分钟仰卧起坐（女）（次）										
1000米跑（男）800米跑（女）（分·秒）										
学年总分										
等级评定										
体育教师签字										
辅导员签字										

注：高等职业学校、高等专科学校参照本样表执行。

学校签章：　　　　　　　　年　　　月　　　日

附表 2

免予执行《国家学生体质健康标准》申请表（样表）

姓名		性别		学号	
班级/院（系）		民族		出生日期	
原因					申请人： 　　年　　月　　日
体育教师签字		家长签字			
学校体育部门意见					学校签章： 　　年　　月　　日

注：中等职业学校及普通高等学校的学生，"家长签字"由学生本人签字。

普通高等学校体育场馆设施、器材配备目录说明

一、本目录是根据《学校体育工作条例》《学生体质健康标准》和《全国普通高等学校体育课程教学指导纲要》的有关规定与要求，以当前我国普通高等学校体育设施的现状为基点，着眼于我国高等教育事业全面发展的趋势而制定的。

二、体育场馆设施和器材设备是保证体育教学、课外体育活动和课余训练、竞赛正常进行所必不可少的物质条件，是落实"健康第一"指导思想的具体措施，是学校基本教学条件建设的有机组成部分，也是检查、督导、评估、规范学校办学工作的重要内容之一。各地教育行政部门和学校都应重视和加强体育场馆设施器材的建设和配备工作，在学校建设规划中予以重视，在财力、物力上予以保证。

三、本目录分两大部分，即体育场馆设施配备目录和体育场地基本要求及体育器材配备目录。

体育场馆设施配备目录分为两类，即基本配备类和发展配备类；体育器材配备目录包括体育场地基本要求。

（一）体育场馆设施配备目录

1.基本配备类：

（1）必配类：是根据体育教学和开展课外体育活动的基本要求，在考虑学校规模、水平的基础上确定的，各学校必须按照要求配备（在校学生不足5000人及以下规模的学校可酌减）。

（2）选配类：选配类是根据学校的具体情况（地域、气候、传统、经济状况等），围绕学校的体育教学内容和开展课外体育活动的需要，自主选择配备。

（3）必配类和选配类共同组成某一学校体育场馆设施的基本配备目录。

2.发展配备类：根据学校的办学目标定位，学校教学条件的不断完善，要主动使学校体育场馆设施、器材条件进一步满足学生对体育锻炼的要求，从数量和质量上全面提高。但是，"211工程"建设学校和全国重点大学，须按发展配备类目录配备。

（二）体育场地基本要求及器材配备目录

1.体育场地主要从体育场地占地面积、障碍物的控制范围、照明要求等内容进行明确。

2.本目录体育场地基本要求不包括体育馆和风雨操场建设标准，也不包括田径场、足球场等项目的看台建设标准。

3. 本目录所涉及的体育场地基本要求及器材配备目录，是对一个体育项目的单个运动场地或单个运动者确定的配备，同一项目的器材配备数量参照该目录执行。

4. 本目录未涉及的其他体育项目的建设标准及器材配备目录，建设及配备时可参照该项目的竞赛所需标准配备。

四、普通高等学校试办某项高水平运动队，学校应按该项目所需的场馆设施和器材进行配备，应有专项投入和安排。

五、多校区的普通高等学校体育场馆设施的配备，按每校区在校生规模对照此目录分别配备（不开设体育课程的校区除外）。

六、鼓励各普通高等学校加快室内运动场地建设，在保证必配的室内运动场地前提下，增加的室内运动场地面积可按三倍折算成室外运动场地（游泳馆除外）；高水平运动队专用场馆设施不计入室内、外运动场地面积。

七、学校在按目录配备设施器材时，应注意选择美观、实用、安全并经质检部门认定的优质产品。各类运动设施建设必须符合有关的安全要求，要加强对体育场馆器材设施的维护、保养和管理，确保锻炼环境安全和锻炼者的人身安全。

八、少数民族地区和经济欠发达地区的普通高等学校在执行本目录的规定与要求时，可充分利用民族传统体育资源和地理环境资源，因地制宜的配置具有民族特色和地区特色的体育场馆设施和器材，并努力提高其利用率。

九、对低值易耗体育设备与器材，本目录未作具体要求，学校要及时补充，保证体育教学、课外体育活动和课余运动训练竞赛的需要。

普通高等学校体育场馆设施配备目录

一、在校学生数(含研究生)为 **10000** 人及以下规模的普通高等学校体育场馆设施配备目录

类　别	室外场地设施	室内场地设施
基本配备类	一、面积(生均 4.7m²) 二、设施内容 1.必配类 　　a.400m 标准田径场(内含标准足球场)1 块。 　　b.25m 或 50m 标准游泳池 1 个。 　　c.篮球场、排球场、网球场共 35 块以上。 　　d.健身器械区若干。 2.选配类 　　结合学校的人力、财力及学生的兴趣、爱好选择其他设施内容。 三、基本要求 　　a.400m 标准塑胶田径场(人造草或天然草)。 　　b.25m 或 50m 标准室外游泳池,具有完整的一套供学生更衣、冲洗的设施。 　　c.篮球场、排球场、网球场全部进行硬化或绿化。	一、面积(生均 0.3m²) 二、设施内容 1.必配类 　　a.风雨操场 1 个。 　　b.健身房(室内活动用房)面积若干。 　　c.固定的学生体质健康检测场所。 2.选配类 　　a.乒乓球(羽毛球)室 1 个。 　　b.多功能综合健身房 1 个。 三、基本要求 　　a.地面为平整土质。 　　b.各专项用房地面均为木质或塑胶。 　　c.通风和采光良好。
发展类	一、面积(生均 5.6m²) 二、设施内容 　　a.400m、300m 田径场(内含足球场)各 1 块。 　　b.标准室外 25m 或 50m 游泳池 1 个(或轮滑、滑雪场地 1 片)。 　　c.篮球场、排球场、网球场、非规范足球场 30 块以上。 　　d.体操、武术、散打、健身器械区若干。 　　e.野外活动(登山、自行车、冲浪等)基地 1 处。 　　f.按学校传统和资源自主选择发展类项目。 三、基本要求 　　a.400m 塑胶田径场 1 块。 　　b.标准的 25m 或 50m 室外游泳池,其中配置更衣室、冲洗房等完整设施。 　　c.篮球场、排球场 90% 硬化(沥青地面),其中 40% 以上为塑胶或人工草皮地面。 　　d.网球场地至少 1 块为塑胶地面。 　　e.其他项目的设施配置适合于项目活动的基本要求。	一、面积(生均 0.4m²) 二、设施内容 　　a.体育馆 1 座。 　　b.风雨操场面积若干。 　　c.乒乓球(羽毛球)室 1 个。 　　d.多功能综合健身房 1 个。 　　e.固定的学生体质健康检测场所。 三、基本要求 　　a.体育馆地面为木质或塑胶。 　　b.风雨操场地面为塑胶或沥青。 　　c.其他室内运动场地地面均应满足该项运动的要求。 　　d.良好的通风、采光、照明等条件。

二、在校学生数(含研究生)为 10000—20000 人规模的普通高等学校体育场馆设施配备目录

类　别	室外场地设施	室内场地设施
基本配备类	一、面积(生均 4.7m²) 二、设施内容 1.必配类 　　a.400m 田径场(内含足球场)2 个。 　　b.25m×50m 标准室外游泳池 1 个。 　　c.篮球场、排球场、网球场 60 块以上。 　　d.武术、健身器械区若干。 2.选配类 　　结合学校的人力、财力及学生的兴趣、爱好选择其他设施内容。 三、基本要求 　　a.400m 塑胶田径场 2 个。 　　b.天然草皮或人工草皮足球场 2 块。 　　c.25m×50m 标准室外游泳池,具有一套完整的供学生更衣、冲洗的设施。 　　d.篮球场、排球场、网球场地 100%硬化。 　　e.网球场地 50%塑胶。 　　f.其他设施符合某项目活动的相应条件。	一、面积(生均 0.3m²) 二、设施内容 1.必配类 　　a.综合多功能体育馆 1 座。 　　b.50m 室内游泳馆 1 座。 　　c.风雨操场 1 个。 　　d.固定的学生体质健康检测场所。 2.选配类 　　a.跆拳道室(健美操房)1 个。 　　b.乒乓球房(羽毛球房)1 个。 三、基本要求 　　a.体育馆座席不少于 3000 座。 　　b.游泳馆座席不少于 600 个。 　　c.各专项用房地面均为木质或塑胶。
发展类	一、面积(生均 5.6m²) 二、设施内容 　　a.400m 标准田径场 3—4 块。 　　b.足球场地 3—4 块。 　　c.篮球场、排球场、网球场 70—80 块。 　　d.50m 室外游泳池 2 个(或轮滑、滑雪场地 2 片)。 　　e.体操、武术、散打、健身器械区若干。 　　f.野外活动(登山、野营、滑水、帆板、自行车、冲浪等)基地 1 处。 　　g.攀岩场地 2 块。 　　h.棒球(垒球)场地 2 块。 　　i.民族传统项目活动区若干。 三、基本要求 　　a.400m 塑胶田径场 3 块。 　　b.天然草皮或人工草皮足球场 3 个。 　　c.篮球场、排球场硬化面积 100%(沥青地面),其中塑胶地面或人工草皮面积 80%以上。 　　d.网球场地 70%以上为塑胶地面。 　　e.25m×50m 室外标准游泳池配置更衣室、冲洗房等完整设施。 　　f.其他项目的设施配置适合于项目活动的基本要求。	一、面积(生均 0.4m²) 二、设施内容 　　a.多功能综合体育馆 1 座。 　　b.风雨操场 2 个。 　　c.乒乓球、羽毛球室内房 1 个。 　　d.50m 游泳馆 1 座。 　　e.手球场地 1 个(可与篮球场地共用)。 　　f.拳击、防身术、形体场地 1 处。 　　g.壁球室 4 处。 　　h.固定的学生体质健康检测场所。 三、基本要求 　　a.综合体育馆座席不少于 4000 座席。 　　b.25m×50m 标准游泳馆,其座席不少于 600 个。 　　c.其他室内运动场地地面均应满足该项运动的要求。

三、在校学生数(含研究生)为 **20000** 人及以上规模的普通高等学校体育场馆设施配备目录

类　别	室外场地设施	室内场地设施
基本配备类	一、面积(生均 4.7m²) 二、设施内容 1.必配类 　a.400m 田径场(内含足球场)4 个。 　b.篮球场、排球场、网球场 80 个。 　c.25m×50m 室外游泳池(轮滑、滑雪场地)2 个。 　d.武术、健身器械区若干。 2.选配类 　结合学校的人力、财力及学生的兴趣、爱好选择其他设施内容。 三、基本要求 　a.400m 塑胶田径场 4 个。 　b.天然草皮或人工草皮足球场 4 块。 　c.25m×50m 标准室外游泳池,具有完整的供学生更衣、冲洗的设施。 　d.篮球场、排球场 90% 硬化。 　e.网球场地 80% 塑胶。 　f.其他设施符合某项目活动的相应条件。	一、面积(生均 0.3m²) 二、设施内容 　a.多功能综合体育馆 1 座。 　b.50m 室内游泳馆 1 座。 　c.风雨操场 2 个。 　d.室内单项运动场地若干。 　e.固定的学生体质健康检测场所。 三、基本要求 　a.体育馆座席不少于 4000 座。 　b.游泳馆座席不少于 600 个。 　c.各专项用房地面均为木质或塑胶。
发展类	一、面积(生均 5.6m²) 二、设施内容 　a.400m 田径场在基本配备类标准的基数上每增加 5000 人增设 1 个。 　b.足球场地在 20000 人发展类标准的基数上每增加 5000 人增设 1 个。 　c.篮球场、排球场、非规范足球场、网球场在 20000 人发展类目录的基数上增加 500 人各增设 1 个。 　d.50m 室外游泳池(轮滑、滑雪场地)在 20000 人发展类目录的基数上每增加 10000 人增设 1 个。 　e.体操、武术、散打、健身器械区若干。 　f.野外活动(登山、野营、滑水、帆板、自行车、冲浪等)基地 1 处。 　g.攀岩场地 2 块。 　h.棒球(垒球)场地在 20000 人发展类目录的基数上每增加 10000 人增设 1 个。 　i.民族传统项目活动区若干。 三、基本要求 　a.400m 塑胶田径场占田径场数目的 2/3 以上。 　b.天然草皮或人工草皮足球场占足球场数目的 2/3 以上。 　c.篮球场、排球场硬化面积 100%(沥青地面),其中塑胶地面或人工草皮面积 80% 以上。 　d.网球场地 90% 以上为塑胶地面。 　e.50m 室外标准游泳池配置更衣室、冲洗房等完整设施。 　f.其他项目的设施配置适合于项目活动的基本要求。	一、面积(生均 0.4m²) 二、设施内容 　a.多功能综合体育馆 2 座。 　b.风雨操场 3 个。 　c.乒乓球、羽毛球室内房 2—3 个。 　d.25m×50m 游泳馆在 20000 人发展类目录的基数上每增加 20000 人增设 1 个。 　e.各单项均有专用的室内运动场地。 　f.满足每单元开课学生室内的教学需要。 　g.固定的学生体质健康检测场所。 三、基本要求 　a.综合体育馆座席不少于 5000 座席。 　b.每个风雨操场面积不少于 2000。 　c.每个综合健身房面积不少于 300。 　d.每个标准游泳馆,其座席不小于 600 个。 　e.每个乒乓球、羽毛球练习房面积不小于 300。 　f.每个拳击、防身术、形体场地不小于 300。 　g.其他设施标准同前。

普通高等学校体育场地基本要求及体育器材配备目录

一、《学生体质健康标准》测试器材

（一）基本要求

1.测试场所相对固定；以一套仪器组合为例说明，每套所需场地面积原则上不少于 100 平方 m。

2.在校学生数（含研究生）为 10000 人及以下规模的学校配备两套；在校学生数（含研究生）为 10000—20000 人规模的学校配备三套；在校学生数（含研究生）在 20000 人及以上规模的学校配备四套。

3.学生体质健康管理软件和"学生体质健康标准"智能服务系统配备一套。

（二）《学生体质健康标准》测试器材组合配备目录（一套）

序　号	仪器名称	数　量	备　注
1	身高仪	1	
2	体重仪	1	
3	肺活量计	2	
4	台阶实验仪器	6	采用"一测六"的机型时可只配备一件
5	握力计	1	
6	仰卧起坐测试仪	1	
7	立定跳远测试仪	1	
8	坐位体前屈测试仪	1	
9	50m 跑测试仪	2	采用"一测二"的仪器时可只配备一件

二、田径

（一）田径场地基本要求

1. 400m 跑道标准田径场占地面积为 $172.60m \times 91.52m = 15796m^2$。

2. 300m 跑道标准田径场占地面积为 $136.02m \times 67.92m = 9240m^2$。

（二）田径器材配备目录

序　号	器材名称	规格要求	数　量	备　注
1	计时器	电子秒表	33 块	
2	发令枪	多发式	4 把	
3	发令台	可移动	2 副	
4	起跑器	联合式	10 副	
5	风向标	—	4 副	
6	风速仪	—	2 台	
7	道次盒	四面写字 1—10 两面写字 1—8	1 套 1 套	直道 弯道
8	终点信号铃	带架子	1 个	
9	终点记圈显示牌	1—25	1 套	
10	扩音器	手提式喇叭	5 个	
11	标枪、铁饼、铅球角度线	200m/卷（宽 5cm）	3 卷	
12	钢卷米尺	100m、20m 10m	各 3 卷 6 卷	
13	皮尺	50m 30m	6 卷 2 卷	
14	钉字木	高 10cm	2 个	
15	标志木、胶带	小木块（医用胶布）	若干	
16	停止墩 起跳踏板标牌	红色圆锥体 0.4m 高 0.2m×0.3m	6 个 4 副	
17	镁粉盒	带架子	4 个	
18	撑竿跳高丈量尺	自动升降（5.5m）	1 根	
19	撑竿跳高横杆撑架	两节式（4m）	2 根	
20	跳高丈量尺	2.5m	1 根	
21	标枪、铁饼远度显示牌	30、35、40、45、50 55、60、65、70、75	各 1 套	
22	高度显示牌	—	2 个	
23	跨栏架	—	100 副	
24	栏架高度丈量尺	木制	10 把	
25	运栏架推车	—	2 辆	
26	马扎（小板凳）	—	20 个	

续　表

序　号	器材名称	规格要求	数　量	备　注
27	抢道旗 抢道标志块	1.5m高三角红旗 0.15m高、红白相间	4面 7个	
28	A、B两组起跑隔离墩	0.40m高圆锥体	40个	
29	竞走犯规记录卡 竞走犯规警告牌	红色 6黄2红	1套 1套	
30	检录公告牌 成绩公告牌	1.2m×1.5m 1.2m×2.4m	2块 8块	
31	跳高架、撑竿跳高架	—	各1副	
32	3000m障碍架	—	1套	
33	跳高海绵垫子、撑竿跳高海绵垫子	—	若干	
34	铁饼护笼	—	1套	
35	信号旗	白、红、绿、黄	40面	
36	计时裁判台、终点裁判台	—	各1副	

三、篮球

（一）篮球场地基本要求

1.场地净面积为 28m×15m＝420m²。

2.场地占地面积为 32m×19m＝608m²。

3.场地以上至少 7m 不得有障碍物。

4.灯光照明至少为 1500 勒克斯，照明设备的安置不得妨碍队员和裁判员视觉。

（二）篮球器材配备目录

序　号	器材名称	规格要求	数　量	备　注
1	篮球架	独立式、悬挂式	1副	
2	篮板	木质或透明材料	2块	木质篮板用黑色线条，透明材料篮板用白色线条
3	篮圈	实心钢材，内径45cm	2个	漆成橙色
4	篮网	每一篮网要有12个小环，网长40—45cm	—	
5	计时钟	电子	1只	

续　表

序　号	器材名称	规格要求	数　量	备　注
6	计时秒表	电子	1只	
7	24秒钟装置	电子	1个	数字倒计数型,用秒指示时间两队都不控制球时,装置上不显示具有能停止并在重新开始时能继续倒计时的能力
8	30秒钟装置	自动的倒计时装置,用秒计算时间	1个	
9	电子显示屏	—	1个	观众能看清楚
10	记录板	—	2个	与比赛有关人员能看清楚,记录比赛时间、比分、节数、暂停次数等
11	信号器	2种相互独立	4只	信号足够强
12	队员犯规牌	白色,20cm×10cm	1副	包括换人牌
13	全队犯规标志	红色,20cm×35cm或电子	1副	

四、足球

(一)足球场地基本要求

1.足球场地必须是长方形,长度必须大于宽度。

2.足球场地的尺寸范围:长度90—120m,宽度45—90m。

3.国际比赛场地长度为100—110m,宽度最短64m,比赛地面为草地。

4.球场外距边线5—6m处应设有裁判台区域,其他障碍物应在距边线和球门线6m以外。

(二)足球器材配备目录

序　号	器材名称	规格要求	数　量	备　注
1	球门	金属	1副	白色
2	球网	—	1副	
3	角旗	—	4面	
4	换人牌	电子或木质	1套	
5	计时表	电子或机械	1只	
6	手旗	—	2面	
7	电子显示屏		1套	

五、排球(软式排球)

(一)排球场地基本要求

1.场地净面积为 18m×9m＝162m²;场地占地面积为 26m×14m＝364m²。

2.场地上空至少 12.5m 高,不得有障碍物。

3.灯光照明为 500—1000 勒克斯。

(二)排球器材配备目录

序　号	器材名称	规格要求	数　量	备　注
1	网柱	2.55m	2根	可调高度、外裹海绵
2	球网	—	1副	
3	标志带	5cm×1m	2条	白色
4	标志竿	180cm×1cm	2根	玻璃纤维,高出球网部分每10cm 涂有鲜明的对比色
5	裁判台	—	1个	能升降,活动座椅
6	丈量杆	2.5m×5cm	1根	
7	换人牌	—	2副	白色
8	气压表	—	1只	
9	钢丝绳	11m	1条	

六、沙滩排球

(一)沙滩排球场地基本要求

1.场地净面积为 18m×9m＝162m²;场地占地面积为 23m×14m＝322m²。

2.场地上空至少 12.5m 高,无障碍物。

(二)沙滩排球器材配备目录

序　号	器材名称	规格要求	数　量	备　注
1	网柱	2.55m	2根	可调高度、外裹海绵
2	球网	9.5m×1m,网孔10cm×10cm	1副	
3	标志带	1m×5cm	2条	彩色
4	标志杆	1.8m,直径 0.01m	2根	玻璃纤维,高出球网每 10cm 涂有明显对比色

续　表

序　号	器材名称	规格要求	数　量	备　注
5	裁判台	—	1个	可升降
6	丈量杆	2.5m×5cm	1根	
7	司线旗	—	2面	
8	换人牌		2块	
9	钢丝绳	11m	1条	
10	记分牌	—	1个	

七、乒乓球

(一)乒乓球场地基本要求

1.场地净面积为 $2.74m×1.525m=4.1785m^2$；场地占地面积为 $14m×7m=98m^2$。

2.场地上空至少4m高,无障碍物。

3.场地灯光不低于1000勒克斯。

(二)乒乓球器材配备目录

序　号	器材名称	规格要求	数　量	备　注
1	球台	2.74m×1.525m×0.76m	1个	暗色,有一定弹性
2	球网	15.25cm×1.825m	1副	
3	裁判台	—	1个	
4	记分牌		2块	
5	挡板	1.4m×0.75m	若干	深色,轻便稳妥
6	记录台	—	1个	

八、羽毛球

(一)羽毛球场地基本要求

1.单打场地净面积为 $13.4m×5.18m=69.41m^2$,双打场地净面积为 $13.4m×6.10m=81.74m^2$。

2.单打场地占地面积为 $15.4m×7.18m=110.57m^2$,双打场地占地面积为 $15.4m×8.10m=124.74m^2$。

3.场地上空至少 9m 内无障碍物；场地灯光至少 1200 勒克斯。

（二）羽毛球器材配备目录

序　号	器材名称	规格要求	数　量	备　注
1	网柱	1.55m	2根	
2	球网	6.1m×0.75mm,孔 15mm×20mm	1个	深色
3	钢丝	6.50m,直径 3mm	1条	
4	裁判员座椅	1.4m 高	1把	
5	发球裁判椅	常用靠背椅	2把	
6	司线裁判椅	—	2把	
7	暂停标志	50cm 圆锥、三角	1个	
8	量网尺	1.6m×4cm 木质或铅质	1把	

九、网球

（一）网球场地基本要求

1.单打场地净面积为 23.77m×8.23m＝195.627m²，双打场地净面积为 23.77m×10.97m＝260.757m²。

2.单打场地占地面积为 27.43m×14.63m＝401.3m²，双打场地占地面积为 28.8m×14.63m＝421.344m²。

3.场地上空至少 12m 内无障碍物。

（二）网球器材配备目录

序　号	器材名称	规格要求	数　量	备　注
1	网柱	—	2根	
2	球网	—	1副	
3	裁判台	—	1个	扶手带垫板
4	发球裁判椅	—	2把	
5	底线裁判椅	—	2把	
6	运动员座椅、衣筐	—	单2双4	
7	记录板	—	1块	

十、击剑（略）

十一、自行车（略）

十二、水球（略）

十三、帆板（略）

十四、垒球（略）

十五、跳水（略）

十六、健美操

（一）健美操场地基本要求

1. 双人、单人场地净面积为 $7m×7m＝49m^2$；3 人、6 人场地净面积为 $12m×$
$12m＝144m^2$；健美操场地占地面积为 $14m×14m＝196m^2$。

2. 健美操比赛台高 80—100cm，后面有背景遮挡。

3. 光照度标准为 4000—5000 勒克斯（要有顶光和底光）。

（二）健美操器材配备目录

序　号	器材名称	规格要求	数　量	备　注
1	竞技健美操地板	—	若干	
2	裁判台	—	1个	
3	运动员座席	—	若干	
4	广播设备	—	1套	

十七、举重（略）

十八、龙舟（略）

十九、定向越野

（一）定向越野场地基本要求

1. 地形由地物和地貌组成。要有固定性物体如居民地、建筑物、道路、河流、树
木等；最好在不太熟悉或不熟悉的环境中进行。

2.路线应具有可选择性,使参加者能够根据自己的能力对前进方向和路线进行选择;路线应具有可读性,使练习者依赖识图的能力,体现定向越野的特点;越野路线通常按环形设计。

3.检查点最好在 500—1000m 之间,如受地图比例和地形条件限制,距离可放宽至 1000—3000m。

(二)定向越野器材配备目录

序　号	器材名称	规格要求	数　量	备　注
1	基础器材	检查卡片 21cm×10cm、地图、检查点标志、计时器、打卡器	1套	
2	指南针	—	1个	每人1个

二十、艺术体操

(一)艺术体操场地基本要求

1.艺术体操场地净面积为 $13m×13m＝169m^2$。

2.场地上空至少 8m 内无障碍物。

3.灯光强度在 750 勒克斯以上。

(二)艺术体操器材配备要求

序　号	器材名称	规格要求	数　量	备　注
1	绳	长度与身高相当,两端无柄	1条	每人1条
2	圈	内径为 80—90cm,重量至少 300 克	1个	每人1个
3	球	直径为 18—20cm,重量至少 400 克	1只	每人1只
4	棒	长 40—50cm,	1根	每人1根
5	带	宽 4—6cm,长至少 6m,重 35 克以上(不包括棍),棍长 50—60cm	1条	每人1条

二十一、健美器械(略)

二十二、棒球(略)

二十三、手球(略)

二十四、毽球（略）

二十五、散手（略）

二十六、武术

（一）武术场地基本要求

1.单练、对练场地净面积为 $14m \times 8m = 112m^2$。

2.集体项目场地净面积为 $16m \times 14m = 224m^2$。

3.场地上方至少有 8m 的无障碍空间。

（二）武术器械配备目录

序 号	器材名称	规格要求	数 量	备 注
1	刀	按练习者身高确定使用型号	1把	每人1把
2	剑	按练习者身高确定使用型号	1把	每人1把
3	棍	全长不得短于本人身高	1根	每人1根
4	枪	—	1杆	每人1根
5	电子评分设备	—	1套	
6	显示牌	—	1个	
7	计算机	—	1台	
8	兵器架	—	1个	

二十七、游泳

（一）游泳池基本要求

1.50m 游泳池净面积为 $50m \times 21m = 1050m^2$。

2.25m 游泳池净面积为 $25m \times 21m = 525m^2$。

3.灯光强度不得少于 1500 勒克斯。

4.池水深度为 1.8m。

5.池水净化应采用过滤净化法。

6.池水消毒采用氧化消毒法。

(二)游泳器材配备目录

序　号	器材名称	规格要求	数　量	备　注
1	固定分道线	直径 15cm	9 条	
2	仰泳转身标志线	横跨游泳池的旗绳	2 条	
3	召回线	距离水面 1.2m 以上	1 条	能有效盖住全部水道
4	仰泳转身标志杆和召回杆	高出水面 1.8—2.5m	8 根	
5	发令台	高 40—50cm,长 80—90cm	1 个	
6	发令枪	—	1 支	带子单若干
7	烟屏	—	1 个	
8	口哨	—	若干	
9	终点裁判台	阶梯式	1 个	
10	秒表	—	30 块	
11	长距离报趟牌	—	16 块	
12	铃铛	—	8 个	
13	夹板	—	40 个	
14	自动计时装置	—	1 套	
15	成绩公告板	—	1 块	
16	溢水槽及池外走道	溢水槽内每隔 3m 设有通下水道的泄水孔		
17	出发台	每道 2 个		
18	配套设施	更衣室、淋浴室、浸脚消毒池、厕所、饮水池	1 套	
19	空气调节器			

二十八、曲棍球(略)

二十九、软式网球(略)

三十、射箭(略)

三十一、拳击(略)

三十二、冰球（略）

三十三、登山（略）

三十四、远足

（一）远足场地基本要求

1. 能够徒步进行的公路、爬山、涉河、穿越丛林、沙漠、雪域等地理环境。

2. 保证基本生存的环境与条件，如有水源、食物，无恶劣气候、动物伤害、险恶地形等。

（二）远足器材配备目录

序号	器材名称	规格要求	数量	备注
1	必备药品	外用药、抗生素药物、解热止痛感冒药物、简单医疗器具	1宗	
2	常规器械	帐篷、背包、太阳镜、太阳帽、睡袋、防潮垫、袜子、安全袋、绳套、防风衣裤、炊具、炉具、多功能水壶、吸管、净水杯、指北针、望远镜、等高线地图、防水灯具、各种刀具等	1宗	

三十五、攀岩

（一）攀岩场地基本要求

1. 自然岩场必须选择适宜的岩石陡壁和场地，这是最基本的条件。

2. 陡壁上的岩石风化程度要较小、地质比较坚硬且具有可攀登性。

3. 按照国际8个等级的标准，可限制在五级以下，既坡度在75度以下，个别地段可达85—90度。

4. 攀岩场地应确保安全，交通方便，岩壁上应少杂草和尘土等覆盖，顶端要有固定的绳索的岩石和树木。

5. 人工攀岩墙应具有产品质量检验合格的安全保护绳索及设施。

（二）攀岩器材配备目录

序号	器材名称	规格要求	数量	备注
1	安全带	—	1条	每人1条
2	下降器	"8"字环形	1只	每人1只
3	安全绳索和绳套	—	1套	每人1套
4	安全头盔	—	1只	每人1只
5	攀岩鞋	—	1双	每人1双
6	镁粉和粉袋	—	1袋	每人1袋
7	绳子	直径9—11mm,主绳11mm	1条	每人1条
8	铁索和绳套	—	1套	每人1套
9	岩石锥	—	1只	每人1只
10	岩石锤	—	1只	每人1只
11	岩石锲	—	1只	每人1只
12	装备包	—	1只	每人1只

三十六、滑雪（略）

三十七、射击（略）

三十八、跆拳道

（一）跆拳道场地基本要求

1.跆拳道场地净面积为 $8m×8m=64m^2$。

2.跆拳道场地占地面积为 $12m×12m=144m^2$。

（二）跆拳道器材配备目录

序号	器材名称	规格要求	数量	备注
1	比赛台	12m×12m×1m	1个	
2	台垫		1个	弹性、不滑
3	护具		1套	每人1套
4	裁判台	—	4个	
5	铜锣	带锤	1个	
6	计时表		1只	
7	秒表	—	2只	

三十九、壁球(略)

四十、蹦床(略)

四十一、花样滑冰

(一)花样滑冰场地基本要求

1. 花样滑冰场地净面积为 60m×30m=1800m²。

2. 花样滑冰场地最小面积为 57m×26m=1482m²。

3. 室内冰场室温应保持在 15℃以下,冰面温度应在−8℃至−5℃,冰的厚度不少于 5cm。

(二)花样滑冰器材配备目录

序 号	器材名称	规格要求	数 量	备 注
1	冰刀与冰鞋	高靿、高根、硬帮	1双	每人1双
2	上冰刀与磨冰刀	—	2片	每人2片
3	音乐器材	录音机和录音带	1套	
4	服装	—	1套	每人1套

四十二、速度滑冰

(一)速度滑冰场地基本要求

速度滑冰场地是一个露天的或遮盖或室内的冰场,周长 333.33—400m。

(二)速度滑冰器械配备目录

序 号	器材名称	规格要求	数 量	备 注
1	冰鞋	鞋靿较矮、冰刀长于冰鞋	1双	每人1双
2	保暖服(练习服)	—	1件	每人1件
3	冰帽、手套	—	1套	每人1套
4	储水桶	圆锥形,直径 1m 左右,高为 1.2—1.5m	1只	
5	洒水管	2—2.5m	1根	
6	爬犁	—	1个	
7	长把扫帚	2—2.5m	若干	

续　表

序　号	器材名称	规格要求	数　量	备　注
8	冰铲	—	若干	
9	点雪仪	底部宽 5cm、高 5cm 漏口	1 台	
10	常用工具	冰抹子、钳子、扳手、热水壶或热水喷头等	1 套	

四十三、中国式摔跤（略）

四十四、赛艇（略）

四十五、舞龙

（一）舞龙场地基本要求

宽敞、平整的空旷场地。

（二）舞龙器材配备目录

序　号	器材名称	规格要求	数　量	备　注
1	龙	9 节、11 节、13 节、15 节、29 节	1 条	草、竹、木纸、布等扎制而成
2	龙珠	—	1 颗	
3	民族服装	—	若干	
4	龙节棍	—	按节数	

四十六、舞狮

（一）舞狮场地基本要求

宽敞、平整的空旷场地。

（二）舞狮器材配备目录

序　号	器材名称	规格要求	数　量	备　注
1	组狮	—	2 头	篾竹、棉布、麻丝、彩色塑料丝装点狮子
2	狮被	—	2 个	
3	狮裤	—	4 条	

续　表

序　号	器材名称	规格要求	数　量	备　注
4	蹄靴	—	4双	
5	绣球	—	2个	
6	锣、鼓	—	1套	
7	梅花桩	—	数根	
8	滚球	—	2个	
9	桌子	—	若干	

四十七、飞镖(略)

四十八、地掷球

(一)地掷球场地基本要求

1.地掷球必须在平整的场地上进行,场地背规则的化为若干区域,四周以木材或其他非金属材料制成的围板高度为25cm。

2.球场长24—26.5m,宽3.8—4.5m,标准场地为4.5m×26.5m。

3.场端的围板须是活动的固定端板使用木材或其他非金属有弹性的材料制成,总高度为1.5m。

(二)地掷球器材配备目录

序　号	器材名称	规格要求	数　量	备　注
1	小球	直径39—41mm,重55—65克	若干	
2	大球	直径107—113mm,重920—1000克	若干	
3	裁判尺	—	1把	
4	标准尺	—	1把	
5	钢卷尺	2—3m	1把	
6	皮卷尺	30m	1把	
7	标位用具	—	1套	

参考文献

[1] 钱建龙,赵望娣,高四,等.对我国近36年学校体育制度的分析[J].军事体育学报,2016,35(2):62-66.

[2] 张丽艳,杜放.我国学校体育政策法规的回顾与展望[J].中国学校体育,2014(6):19-26.

[3] 杨万文,李欣.对我国现行学校体育法律法规体系的探讨[J].武汉体育学院学报,2013(9):10-14.

[4] 翁惠根.标准与规范:浙江省高职院校体育工作保障水平的现状与对策分析[J].浙江体育科学,2014(6):82-85.

[5] 翁惠根.浙江省高校学生体质健康状况现场抽测方案及评价制度优化研究[J].浙江体育科学,2016(2):79-82.

[6] 范高翔,翁惠根.我国大学生体质健康标准评价制度的历史嬗变与比较分析[J].浙江体育科学,2015(4):37-41.

[7] 陈永利.改革开放三十年中国学校体育的法规和制度建设回顾与思考[J].中国学校体育,2009(4):9-11.